AF359910

AFFAIRE

DE

LA COMPAGNIE SEYSSEL

CONTRE

M. JAGOU

1844

COUR ROYALE
PREMIÈRE CHAMBRE.

PRÉSIDENCE DE M. LE PREMIER PRÉSIDENT BARON SÉGUIER.

AFFAIRE DE M. JAGOU,
Appelant,

Avoué, Mᵉ   Avocat, Mᵉ ORSON.

CONTRE

M. DU MÉNY, GÉRANT DE LA COMPAGNIE SEYSSEL,
Intimé.

Avoué, Mᵉ MAUGER.   Avocat, Mᵉ MARIE.

LES MINEURS DE CLONARD,
Intervenants.

Avoué, Mᵉ   Avocat, Mᵉ BAROCHE.

Audiences des 30 janvier et 6 février 1844.

Mᵉ Orson a développé les moyens à l'appui de l'appel interjeté par M. Jagou, son client.

Mᵉ Baroche, au nom des mineurs de Clonard, a demandé leur intervention dans l'instance.

Audiences des 13 et 20 février.

PLAIDOIRIE DE Mᵉ MARIE.

§ Iᵉʳ.

Intervention des mineurs de Clonard.

Messieurs, je ne dirai qu'un mot de l'intervention que vient de soutenir mon adversaire. Est-elle recevable? est-elle fondée? De très-courtes observations vont à l'instant même amener la solution de cette question.

Il ne faut pas faire de grands efforts d'esprit pour comprendre quel est le rôle que viennent jouer ici les mineurs de C... Evidemment ce sont les compères de M. Jagou; ils se placent à côté de lui afin de soutenir la thèse que M. Jagou lui-même a soutenue. Ainsi, et au fond, en répondant au système de M. Jagou, je répondrai à celui de l'intervention, si cette intervention pouvait être un instant recevable à vos yeux. Je dis qu'elle ne l'est pas. Quelle est donc, en effet, la position des mineurs C...? Ils sont actionnaires, porteurs d'actions nominatives dans la Compagnie du bitume de couleur. A ce titre ils auraient des droits; mais quels sont leurs droits? Je comprendrais la position qu'ils veulent prendre aujourd'hui, si, par exemple, ils avaient dit à la Cour : Nous venons attaquer la décision adoptée en assemblée générale, et dans laquelle on a transporté à M. Jagou tout l'actif de la liquidation, parce que nous n'étions ni présents, ni représentés, ni appelés à cette assemblée générale; parce qu'une majorité, quelle qu'elle ait été, n'a pas pu porter atteinte à nos droits.

Nous venons en conséquence demander, d'une part, la nullité de la décision de l'assemblée, et, par suite, d'autre part, que la chose transportée à Jagou rentre dans l'actif de la liquidation.

En se posant ainsi, je le répète, j'aurais compris leur attaque; mais telle n'est pas l'attitude que prennent devant vous les mineurs de C...; ils ne viennent pas dire qu'ils n'ont été ni présents, ni représentés, ni appelés à l'assemblée générale; ils ne viennent pas attaquer la décision prise par elle, ils demandent au contraire que la cession faite à Jagou soit maintenue entre ses mains, et qu'en conséquence une créance de 435,000 francs reste la propriété de Jagou, moyennant une somme de 83,000 francs !

Est-ce que les mineurs C... peuvent soutenir une pareille thèse en leur nom ? Pas le moins du monde. En leur nom d'abord ce n'est pas possible. Quand l'assemblée générale a eu lieu, en effet, on s'est entouré de toutes les formalités voulues par l'acte de Société ; on a appelé tous les Actionnaires porteurs d'un certain nombre d'actions, qui, à ce titre, avaient droit de figurer dans les assemblées, de prendre part aux délibérations. Aux termes des statuts, ils ont été appelés par des publications dans les journaux, et lorsqu'ils étaient connus, ils l'ont été en outre par lettres particulières. Les formalités de l'assemblée générale ayant été remplies, qu'en est-il donc résulté? Qu'aux termes des statuts, la délibération prise à la majorité des voix a fait loi, non-seulement pour les personnes présentes, mais pour les absentes; et qu'en conséquence la cession faite par l'assemblée à Jagou est une cession parfaite contre laquelle les Actionnaires *du bitume de couleur* ne peuvent revenir.

Ainsi, *relativement à la Société du bitume de couleur*, Jagou est bien et définitivement propriétaire de tout l'actif de la liquidation moyennant la somme de 83,000 fr.

Ici, une objection. On nous dit : Mais les mineurs ont le droit de participer au bénéfice que la cession faite à Jagou pourra produire. Pourquoi auraient-ils ce droit? Parce que, dit-on, M. Jagou a offert de partager avec tous les actionnaires qui voulaient entrer pour quelque chose dans le résultat de sa spéculation. Mais je voudrais bien que l'on me rapportât, au nom de ces mineurs pour lesquels on plaide, une délibération du conseil de famille autorisant la tutrice à se rendre acquéreur, conjointement avec Jagou, d'une liquidation de créance par suite de laquelle la fortune de Jagou et de tous ses participants pourrait être plus ou moins compromise !

Comment? ce ne sont pas des majeurs qui demandent à intervenir; c'est une tutrice qui demande à intervenir devant la Cour, dans un procès, en disant qu'elle a l'intention de participer avec Jagou dans une spéculation ! Est-ce qu'elle a ce droit? Est-ce que la tutrice peut venir acheter un procès, une liquidation, des éventualités qui peuvent compromettre la fortune de ses mineurs? Évidemment, non.

Qu'y a-t-il donc au fond de cette intervention? Il y a un concert entre Jagou, non pas avec les mineurs de C..., qui ne sont pour rien dans le procès, mais avec leur tuteur ou leur tutrice. On a cherché à introduire dans le procès une personne nouvelle, ayant une qualité de mineur pouvant, jusqu'à un certain point, intéresser. Mais, précisément, cette qualité repousse l'intervention, car les mineurs de C... n'ont véritablement et ne peuvent avoir aucune action dans ce procès.

Mais ce n'est pas tout : de deux choses l'une : Ou les mineurs actionnaires viennent, comme je le disais, demander la nullité de la cession, et alors il faudrait que cette nullité eût été prononcée avant qu'ils eussent droit d'intervenir dans le procès ; ou ils veulent se placer, par éventualité, dans la cession faite à Jagou, afin de participer aux avantages que Jagou pourra retirer de la cession consentie ; Mais, dans ce cas, il faudrait que, dès à présent, ils fussent certainement participants de Jagou. Or, ni l'une ni l'autre de ces alternatives ne s'est réalisée. Lorsque Jagou, dans l'assemblée générale, a dit à quelques uns des actionnaires : Que ceux qui veulent venir avec moi viennent avec moi ; il n'a pas entendu apparemment s'enchaîner pour un temps indéterminé. Vous comprenez que lorsqu'il aura subi toutes les chances mauvaises de la spéculation, on serait malvenu, alors qu'il s'agirait de recueillir des bénéfices, à lui demander d'y participer. Ce qu'il avait offert, en mars 1842, n'a été accepté par aucun actionnaire. Tous les actionnaires présents et absents ont refusé. Aujourd'hui, il n'est plus permis à personne de venir prendre part dans la cession faite à Jagou, pas plus aux mineurs C... qu'à tout autre. Dans aucun cas donc, et sous aucun rapport, les mineurs C... ne peuvent intervenir dans le procès. Au reste, nous avons si peu d'intérêt dans cette intervention, que, fondée ou non, je ne m'en occupe pas davantage. Dès à présent, j'examine le fond du procès. Si les mineurs participent à la cession faite à Jagou, ils sont, comme lui, acquéreurs d'un droit litigieux. Dès lors, toutes les défenses que nous avons à opposer à Jagou, nous pouvons les opposer aux mineurs. Laissons donc là la non-recevabilité ; il est évident à mes yeux que, repoussée ou admise, il y aurait à examiner la question du fond ; or, c'est cette question qui doit et qui va exclusivement me préoccuper.

§ 2.

Fonds du procès.

Je ne crois pas, quand vous aurez examiné le procès dans les différentes circonstances que j'aurai à vous signaler, que, dans les Sociétés industrielles par actions qui se sont formées dans ces derniers et malheureux temps, une spoliation d'actionnaires ait été tentée avec plus d'audace, suivie avec plus de persévérance que celle qui a été tentée et suivie par Jagou, gérant du bitume de couleur. Je crois qu'en parcourant les différents actes qui déjà ont été signalés à votre attention, mais incomplètement, très-incomplètement, vous aurez la conviction que j'ai moi-même acquise dans l'examen très-approfondi que j'ai fait de ce procès, soit avant de le plaider devant le tribunal, soit avant de vous apporter à vous, Messieurs, le fruit de mes travaux.

Et d'abord, Messieurs, ne vous préoccupez pas, je vous prie, de la considération que Jagou a fait valoir en dernier lieu à votre dernière audience, que toute sa fortune serait engagée dans la spéculation qu'il a faite sur la créance de Seyssel ; que si cette créance était perdue pour lui, il serait ruiné lui et sa famille. En réalité, nous ne portons aucune atteinte, quel que soit l'évènement, à la fortune de Jagou ; nous lui restituons, en effet, par les offres réelles que nous lui avons faites, la totalité des sommes qu'il a déboursées; non-seulement, en effet, nous lui avons offert les 83,000 fr., prix principal de la cession, mais, en outre, une somme indéterminée, sauf à parfaire pour le garantir contre toutes les éventualités onéreuses que la liquidation de la Société du bitume de couleur pourrait réaliser contre lui. Dans ces termes, donc, Jagou sortira de ce procès parfaitement indemne; il n'y perdra pas une obole.

Pourquoi donc Jagou vient-il parler de sa mauvaise fortune, et chercher, sous ce point de vue, à intéresser la Cour à son sort? c'est que Jagou a fait une véritable spéculation, dont la créance litigieuse sur Seyssel a été le principal, disons mieux, l'unique objet. Et, en effet, lorsque Jagou est arrivé à l'assemblée générale, il a dit à ses coactionnaires : « La créance Seyssel est fort importante, mais la position des débiteurs, la nature litigieuse de la créance la réduit à 83,000 fr. Je vous les offre. » Et les Actionnaires croyant à la parole de Jagou ont accepté. Eh bien ! qu'y a-t-il là? une indigne manœuvre dont Jagou veut aujourd'hui conquérir les résultats; et il se regarde comme ruiné si ces résultats lui échappent.

Est-ce donc là une position qui mérite faveur?

Comment ! si la créance était supérieure à 83,000 fr., et Jagou le savait ! Il mentait donc en disant aux Actionnaires qu'ils avaient une créance sans valeur, tandis qu'elle était très-valable pour une somme supérieure à 83,000 fr.! Il établissait donc, lui, gérant de la Société du bitume de couleur, une spéculation qui avait pour but la ruine des Actionnaires qu'il avait appelés à lui ! C'était donc sur cette ruine qu'il voulait asseoir sa fortune à lui, pour laquelle il lutte, dit-il, aujourd'hui !

Singulier spectacle, en vérité; tandis que neuf cents et quelques mille francs, près d'un million, versés par les Actionnaires, seraient perdus pour eux, lui Jagou, par suite d'une manœuvre frauduleusement habile, restituerait à ces Actionnaires une misérable somme de 83,000 fr., et il garderait, si en réalité la créance est de 435,000 fr., le reste pour lui!

Voilà la légitime fortune que vient défendre M. Jagou ! Et que parle-t-il de spoliation à son égard, quand, en définitive, on lui rendra tout l'argent qu'il a ravi aux Actionnaires qu'il a appelés à côté de lui.

Voilà la moralité du procès, la moralité de la position pécuniaire. Examinons les détails; voyons si ce tableau ne sera pas confirmé par toute la série des actes passés entre les deux Sociétés.

C'est à la date du 21 janvier 1839 que la Société Seyssel s'est fondée à Paris. Vous savez qu'à cette époque beaucoup de Sociétés, ayant pour objet des bitumes de toutes sortes, se sont également fondées. Parmi ces Sociétés je citerai seulement celle du bitume de couleur, à la date du 2 juillet 1839.

M. LE PRÉSIDENT SÉGUIER. — Qu'est-ce que c'est que le bitume de couleur?

Me MARIE. — C'est... ce n'est rien du tout, M. le Président.

Qu'était-ce que la Société Seyssel? — Une Société sérieuse, qui avait pour objet d'exploitation les mines de Peyrimont-Seyssel, dont l'existence ne peut être contestée. Cette Société a même aujourd'hui une exploitation assez développée, comme chacun peut s'en convaincre en parcourant nos rues, nos places publiques et nos boulevarts.

Qu'était-ce que la Société de bitume végéto-minéral de couleur? — Un M. Roux, ancien pharmacien, avait imaginé ce bitume comme il avait *imaginé* aussi qu'il en était l'inventeur; il avait jugé à propos de demander des brevets d'invention, et une fois possesseur de ces brevets, il avait *imaginé* encore de les mettre en Société en commandite, par actions, en donnant, bien entendu, à ses brevets une valeur exagérée.

En effet, Messieurs, tout avait parfaitement réussi, la Société du bitume de couleur s'était formée. Des Actionnaires s'étaient présentés. Ce fut la folie de ces temps. En effet, tout projet de Société, quelqu'en fût l'objet, trouvait toujours des capitalistes qui livraient volontiers leur argent à des espérances de bénéfices qui ne devaient jamais se réaliser. Les promesses très-exagérées, très-brillantes, étaient le plus souvent la seule mise de fonds des fondateurs, mais les Actionnaires s'en contentaient. Les Actionnaires se présentèrent donc, et un capital de 500,000 francs tomba immédiatement entre les mains du gérant, M. Roux alors, et depuis, M. Jagou. La Société du bitume de couleur se trouva donc en face de ce capital de 500,000 francs, capital bien réel, versé par les Actionnaires, et puis aussi en face des brevets d'invention de M. Roux. Mais quand on voulut exploiter ces brevets d'invention, on reconnut bientôt qu'il n'y avait rien d'exploitable, que les brevets n'étaient qu'un rêve peut-être très-habilement fait, mais trompeur comme tous les rêves; et, de fait, la Société du bitume de couleur n'a jamais rien exploité. Qu'y avait-il donc à faire dans une pareille position? Pour des hommes d'honneur, le parti à prendre n'était pas difficile. On s'était trompé sur le mérite des brevets, sur leur valeur industrielle; il y avait tout simplement à assembler les Actionnaires, à leur dire : Nous avions cru avoir entre les mains un objet industriel exploitable; nous ne l'avons pas; les brevets ne valent rien. Sauf les petites dépenses qui ont été nécessaires pour monter l'entreprise qui, dans notre espérance, devait marcher, nous allons vous tout restituer.

Mais, comme vous le savez, lorsque des gérants avaient un capital dans les mains, ils ne s'en dessaisissaient pas facilement. La Société Roux ne fit donc pas ce que, honorablement, elle aurait dû faire. Elle n'avait pas d'objet réel et sérieux d'exploitation; à son défaut, elle songea à exploiter le capital qui lui avait été délivré; en conséquence, elle chercha à entrer en rapport avec la Société Seyssel, qui avait des mines à exploiter. Elle y entra effectivement par un acte à la date de 1839.

Tous les Actionnaires de la Société Roux ne se laissèrent pas prendre. Beaucoup d'entre eux, les plus intelligents, dirent à M. Roux : Nous ne voulons pas d'un pareil traité. Puisque la Société du bitume de couleur ne peut pas marcher par ses propres ressources industrielles, qu'on nous rende notre argent; on n'a pas le droit de métamorphoser notre Société; elle a été constituée pour un objet spécial, qu'elle marche sur cette base, mais nous ne consentons pas à substituer une autre industrie à celle dans laquelle nous avions voulu entrer.

Afin d'écarter ces malencontreux récalcitrants qui pouvaient empêcher la réalisation du projet conçu pour garder les 400,000 fr., on n'eut qu'une chose à faire, désintéresser ceux qui résistaient. Ils ont en effet été désintéressés. Quant aux Actionnaires moins éclairés, moins intelligents, moins résistants, ils laissèrent leur argent, et cet argent, ils l'ont perdu....

Voyons le traité du 4 mai 1839. Je ne vous le lirai pas en entier, mais je vous demande la permission de mettre sous vos yeux deux ou trois articles, afin de vous en bien faire connaître l'économie. Il disposait :

Art. 2.—«M. Coignet cède, en outre, à M. Roux, au dit nom, pour la France seulement, *tout l'achalandage de la Société, tous les marchés ou traités contractés par elle, soit pour des travaux à exécuter en France, soit pour des fournitures de matières destinées à y être consommées, et le met et subroge dans tous les droits et charges résultant, pour la Société Coignet et Compagnie, de ces divers marchés et traités que la Société Roux sera tenue d'exécuter à ses risques et périls,* sans que la Compagnie Coignet puisse jamais être inquiétée ni recherchée pour raison des dits marchés et traités dont l'état, reconnu et signé par M. Roux, est annexé au présent.

«Par suite de cette cession, M. Coignet, au dit nom, s'interdit pour tout le temps assigné à la durée des présentes, toute vente de roche calcaire asphaltique, provenant des mines de Seyssel et de toutes autres dont la Société viendrait à obtenir la concession, en tant que ces matières seraient destinées à être employées en France. Ne sont pas compris dans cette interdiction, les produits bitumineux purs extraits de la roche asphaltique, dont la Compagnie Coignet pourra faire la vente en quelque lieu de France et à quelque personne qu'elle jugera à propos.

Art. 3.—«M. Coignet, au dit nom, vend à la Compagnie Roux, sans exception *ni réserve, tout le matériel existant dans les ateliers de la Société, tant à Paris qu'à Lyon. Un inventaire en sera dressé de concert par les parties, sa valeur en sera réglée d'après* les prix qui sont portés dans l'inventaire de la Compagnie Coignet, du 31 décembre dernier, diminués de cinq pour cent; cette valeur sera remboursée par la Compagnie Roux à la Compagnie Coignet, ainsi qu'il sera dit à l'article 6 ci-après.

Art. 5.—«M. Coignet s'oblige à livrer à la Compagnie Roux, au fur et à mesure de ses demandes et pendant la durée assignée au présent traité, toutes les quantités de roche asphaltique que celle-ci jugera lui être nécessaires, sans toutefois pouvoir être tenu, le dit M. Coignet, de lui en fournir au-delà de dix-huit millions de kilogrammes par année, livrables par douzième et par mois, sauf le cas de chômage par force majeure.

«La roche sera livrée au port de Pyrimont, sur le Rhône, pesée et prête à embarquer, quinze jours après la demande qui en aura été faite.

« Le prix en demeure fixé pour toute la durée du présent acte, sauf les réserves faites en l'art. 9, à raison de 4 fr. les 100 kilogrammes.

« Le prix de la roche asphaltique sera exigible trois mois après chaque livraison. Ce délai expiré, la Compagnie Roux en devra les intérêts, à cinq pour cent, à la Compagnie Coignet jusqu'au parfait paiement.

Art. 6. — «La Compagnie Roux s'oblige à prendre livraison dans le mois qui suivra la signature du présent traité de toute la roche asphaltique, de toutes les matières sous forme de bitume pur et des ouvrages en mosaïque appartenant à la Compagnie Coignet, entreposés en quelque lieu de France que ce soit, Pyrimont seul excepté; elle prendra également livraison des matières bitumineuses que la Compagnie Coignet aurait achetées, mais qui, à l'époque sus-énoncée, ne se trouveraient pas rendues dans ses magasins, et ce, au prix coûtant, en ce qui est du bitume pur et des mosaïques.

« L'approvisionnement de roche asphaltique de la Compagnie Roux, qui sera porté, s'il ne l'est déjà, par les livraisons dont il vient d'être parlé, à la quantité de six millions de kilogrammes, sera tenu constamment au complet au moyen de livraisons qui lui seront faites sur le port de Pyrimont.

« Indépendamment du prix de 4 fr. stipulé en l'art. 5 pour les 100 kilog., la Société Roux remboursera à la Compagnie Coignet, pour raison de sa livraison de matières sus-mentionnées, toutes les avances qu'elle aurait faites pour frais de transport, pesage, emmagasinage, jusqu'au jour de la livraison.

« Le prix de cette première livraison en principal et frais de toute nature, ainsi que celui du matériel et des matières bitumineuses quelconques, remis par la Compagnie Coignet à la Compagnie Roux, sera payé par la Compagnie Roux à la Compagnie Coignet comme suit :

« 1° Sur les fonds en caisse, immédiatement après la prise de possession par la Compagnie Roux, 200,000 francs;

« 2° Au 15 novembre 1839, 100,000 francs;

« 3° Le reste au 15 février 1840. »

Enfin, pour terminer sur ce traité, je vous lirai le dernier article, l'art. 12, qui, prévoyant les contestations que les rapports nouveaux pouvaient soulever entre les parties contractantes, avait introduit une clause compromissoire ainsi conçue :

Art. 12. — « Les contestations qui surviendraient entre les parties à l'occasion du présent traité, seront jugées par trois arbitres, sur le choix desquels elles seront tenues de s'entendre dans le délai de quinzaine; à défaut de quoi lesdits arbitres seront nommés d'office par le Président du tribunal de commerce de la Seine, à la requête de la partie la plus diligente.

« Leur décision sera définitive, et ne pourra être attaquée par appel, opposition ni recours en cassation. »

Voilà le traité que nous avons appelé un traité de fusion.

Ainsi, comme vous le voyez, en vertu de ce traité qui avait été médité entre les gérants des deux Sociétés, la Société du bitume de couleur qui a un capital, un actif, va demander à la Compagnie de Seyssel des matières pour exploiter quelque chose; car, dès à présent, elle doit renoncer à l'exploitation des brevets d'invention de M. Roux; ils sont sans valeur, et toutes les conditions de ce marché sont déterminées.

On a dit, à votre dernière audience, que ce traité de la part de la Compagnie Seyssel, avait été motivé sur ses embarras. J'avais déjà repoussé cette objection devant le Tribunal de première instance, par des faits; c'est-à-dire en produisant à nos adversaires les livres de la Société Seyssel, livres tenus par le gérant Coignet, qui ne pouvait être suspect à M. Jagou. Il résulte de la situation de la Société Seyssel, à l'époque du traité, qu'elle avait un actif de 1,031,474 fr. et un passif de 465,809 fr.; reliquat en sa faveur, 565,665 fr. Il résulte également des registres qu'il y avait en caisse, argent 6,000 fr., billets 4,000, et en débiteurs divers, 3 à 400,000 fr. de recouvrements à faire.

Par l'examen des livres de la Société Seyssel, vous voyez donc combien peu est fondée l'allégation que cette Société s'est jetée dans les bras de la Société du bitume de couleur, afin de lui prendre son argent, dont elle avait besoin, et comme on a même osé le dire, sous la menace d'une faillite.

Si nous rapprochons de ce tableau la situation de la Société du bitume de couleur, nous allons voir que, tandis que les obligations de la Compagnie Seyssel étaient en harmonie avec ses ressources, celles prises par le bitume de couleur étaient, au contraire, au-dessus des ressources actives de cette Société. En traitant avec la Compagnie Seyssel, en effet, elle contractait avec cette dernière une dette de 498,000 fr. ; son capital était réduit à 330,000 fr. Il y avait donc, comme vous l'apercevez à l'instant même, au moment où la Compagnie du bitume de couleur allait entrer en exploitation, un déficit dans la caisse de 158,000 fr.

Quoi qu'il en soit, voyons comment ce traité a été entendu, comment il s'est exécuté de la part de la Compagnie du bitume de couleur ; car c'est ici que vont commencer, je ne dirai pas les tentatives de spoliation, mais les spoliations réelles que Jagou a habilement combinées et qui sautent à tous les yeux.

Le traité de mai 1839 était connu, dit-on, des Actionnaires de Seyssel ; il est impossible que, dans les assemblées générales qui ont dû être tenues à cette occasion, on ait pu livrer une partie de l'exploitation de Seyssel, sans que l'assemblée générale ait été convoquée et ait donné son assentiment.

Que le traité ait été connu des parties contractantes, nous ne le nions pas ; mais que les conditions posées dans ce traité, adoptées dans les assemblées générales, aient été loyalement exécutées, c'est ce que nous nions ; et cette dénégation, nous allons en démontrer le fondement.

Ainsi, on disait, aux termes de l'acte dont j'ai donné lecture, qu'aussitôt après la prise de possession de la part du bitume de couleur, il serait versé une somme de 200,000 fr., argent comptant, par la Société Jagou à la Société Seyssel.

Or, comment a-t-on exécuté cette clause d'argent ? MM. Coignet et Jagou se sont entendus, et au lieu de faire entrer dans la caisse de Seyssel une somme en argent de 200,000 fr., voici ce qui s'est passé : D'abord, on a versé 83,000 fr., espèces ; ensuite, on a donné 152 actions du bitume de couleur, et enfin on voit figurer sur les registres de la Société Seyssel une somme de 40,000 fr. qui se décompose ainsi : 15,000 fr. de commission à M. Eclauché, et 25,000 fr. de commission à E. C. ; il n'y a que les initiales. Or, lorsque nous avons demandé si cette somme de 40,000 fr. avait été bien effectivement versée entre les mains de M. Eclauché, à titre de commission, et pourquoi cette commission lui aurait été effectivement accordée, la réponse que nous avons reçue, le fait matériel que nous avons constaté, c'est que jamais ces 40,000 fr. n'étaient entrés dans les mains de M. Eclauché ; que, dès lors, en les faisant figurer sur les livres, on avait fait de fausses écritures, et que les seuls hommes qui avaient pu profiter de cette somme de 40,000 fr. étaient ceux-là seuls qui avaient médité l'opération, c'est-à-dire Coignet et Jagou.

Ainsi l'assemblée générale a su, les actionnaires de Seyssel ont su qu'un traité était arrêté, et ils ont consenti à ce qu'il fût passé ; mais ce à quoi ils n'ont pas consenti, ce sur quoi vous ne les avez pas édifiés, c'est sur l'exécution de ce traité. Si vous étiez venus dire à l'assemblée : Au lieu de 200,000 fr. en argent, nous donnerons 83,000 fr. seulement, et le surplus en actions du bitume de couleur ; au lieu de ces 200,000 fr. à verser dans la caisse de Seyssel, nous allons faire tomber entre les mains de je ne sais quel tiers, une somme de 40,000 fr., est-ce que la Société aurait consenti ? est-ce qu'elle aurait approuvé de pareilles choses ? est-ce qu'elle aurait donné son assentiment à ce qu'une partie de son fonds social fût ainsi dilapidé ? Évidemment non.

Ce n'est pas tout. On donnait 152 actions du bitume de couleur, en même temps qu'on versait 83,000 fr. et qu'on attribuait, à titre de commission, 40,000 fr. à un prétendu tiers qui ne les a jamais reçus. Eh bien ! ce n'étaient pas 152 actions libres, c'étaient 152 actions dont les deux pre miers quarts seulement avaient été payés. Or, immédiatement après ces opérations, savez-vous ce que fait la Société du bitume de couleur ? elle fait un appel de fonds des troisième et quatrième quarts. On vient donc s'adresser à la Société Seyssel, et on lui dit : Nous vous avons remis 152 actions ; mais nous avons fait un appel de fonds pour les deux derniers quarts ; nous le faisons à vous aussi bien qu'aux autres actionnaires. Par suite, la Société a dû faire sortir de sa caisse, sur les 83,000 fr. argent qu'elle avait reçus, une somme de 75,000 fr.; en sorte que sur ces 200,000 fr. dont la Société Seyssel devait profiter, il ne lui est pas resté 10,000 !!

Ce n'est pas tout encore. La Société va se libérer des deux ou trois quarts qui lui restent à payer sur les 152 actions. Elle s'en libère en effet, et, chose monstrueuse! dans un traité postérieur dont je vais vous entretenir, on stipulera qu'elle remettra ces 152 actions, plus 10 autres, total 162, non pas au prix nominal de 1,000 fr., prix auquel elle les a reçus de Jagou, mais au prix de 600 fr., en sorte qu'elle perdra sur chaque action, et cela presqu'au même instant dans une seule opération, dont la liquidation se fait par un simple revirement d'écritures, pour ainsi dire, elle perdra, dis-je, sur chaque action, une somme de 400 fr.!

Voilà donc, Messieurs, le premier traité de 1839; voilà comment il a été compris. On l'avait apporté à l'assemble générale de Seyssel, en disant : il y a une bonne affaire à contracter ; on vous paiera 200,000 fr. comptant et 298,000 fr. à des termes indiqués dans l'acte. Au lieu de tout cela, rien. Les 200,000 fr. n'ont pas été donnés; les deux gérants ont manœuvré ensemble, partagé ensemble, et, en définitive, si quelqu'un a profité, ce n'a pu être qu'eux.

Et puis, enfin, après avoir ainsi sacrifié la Société Seyssel, est-ce qu'on lui prend ses produits comme il avait été convenu ? est-ce qu'on les exploite ? Pas du tout. On n'exécute pas plus à l'égard des produits qu'à l'égard de l'argent; et ainsi une année tout entière s'écoule, sans que le marché fait se réalise en quoi que ce soit. Puis, après une année ainsi écoulée, on dit : les choses ne peuvent pas rester éternellement sur ce pied, et le traité, contracté en mai 1839, est frappé de résiliation le 4 août 1840. Il n'a donné lieu à aucune opération, si ce n'est à l'opération scandaleuse dont je viens de rendre compte à la Cour.

Et encore ici, sur cette étrange résiliation, je vous prie de bien distinguer entre le traité lui-même et l'exécution du traité par les gérants. Lorsqu'il s'agissait de faire un traité, le gérant venait hypocritement dans l'assemblée générale, faisait tous ses efforts, dans un rapport longuement médité, pour faire croire aux actionnaires assemblés que c'était une chose dans leur intérêt. Vous savez, ou plutôt vous ne savez pas comment la leçon était faite d'avance à chacun. On sait comment, lorsqu'un protestant se trouvait dans l'assemblée, les voix amies qui composaient la majorité étouffaient, par leurs clameurs, cette voix importune. On sait que d'avance le gérant, s'entendant avec certaines personnes, préparait un rapport; que le rapport indiquait l'état prospère de la Société; mettait en saillie tous les avantages de la proposition qui allait être faite ; et tous les actionnaires, qui n'avaient rien étudié de ces avantages, adhéraient à ce que disait le gérant, et la majorité des Actionnaires adhérant, les résistants se trouvaient ainsi écrasés sous la puissance d'une majorité habilement préparée et gagnée.

Voilà en petit le tableau de toutes ou presque toutes les assemblées d'Actionnaires. Ce tableau, je ne le charge pas, peut-être même les couleurs en sont-elles
trop effacées.

Or, c'est précisément ce qui s'est passé ici, et toutes les mesures étant bien prises à l'avance, le gérant, le projet de résiliation étant arrêté avec Jagou, se présente effectivement à l'assemblée générale. Il parle de résiliation; il en fait res-
sortir les avantages, il en indique les nécessités, il en fait connaître les clauses
principales. Or, qu'en résulte-t-il? Que chacun rentre dans sa chose, rien de plus
naturel et de plus légitime en apparence. Toutefois, et par une arrière-pensée qui,
plus tard, trouvera une déplorable application, au moment où l'on stipule ainsi
les articles du traité, on a soin d'y introduire une clause fort grave, la clause
compromissoire. Lorsqu'on avait fait le traité de 1839, prévoyant que des contestations pourraient exister en raison des intérêts majeurs existant entre les deux
Sociétés, on était convenu que l'on constituerait un Tribunal arbitral de *trois*
arbitres. Dans le traité de résiliation, on change ainsi la clause compromissoire :

« Inventaire sera dressé, dans le plus bref délai, des marchandises existant aux
1er et 15 du présent mois dans les différents entrepôts de la compagnie Jagou; *et
les comptes seront arrêtés entre les deux Compagnies d'une manière définitive.*

« En cas de *dissidence sur les chiffres et époques des paiements*, ou sur toute autre
question qui se rattacherait au présent acte, les parties déclarent s'en rapporter à
l'arbitrage de M. Durmont, agréé au Tribunal de commerce de la Seine, qui jugera
toutes les difficultés d'une manière souveraine.

«Cependant, il est entendu que la Compagnie paiera à la compagnie Jagou une
somme de cinquante mille francs comptant, pour premier à-compte, afin que cette
dernière puisse continuer ses opérations, relatives au bitume de couleur.

«Il est aussi entendu que la Compagnie Jagou continuera à recevoir, pendant la
durée de la présente année, les redevances que la compagnie Debray s'est engagée à lui faire, par le traité du 30 janvier de l'année suivante, la Compagnie
Coignet n'y apportant aucune opposition. »

Ainsi, et au moyen de cette clause, les contestations les plus graves seront désormais soumises à l'examen, à la décision souveraine d'un arbitre unique. Mais
enfin soit ! Cet arbitre au moins aura-t-il seul le droit de prononcer? Oui, et l'on
rassure même à cet égard l'assemblée générale. Il est bien entendu, en effet, dans
la clause compromissoire soumise à la sanction de l'assemblée générale, que ce
ne sont pas *les parties* elles-mêmes qui pourront *arrêter leurs comptes, juger* leurs
différends. M. Durmont seul appréciera tout à la fois, en cas de dissidence, et le
chiffre du compte et les époques du *solde*. Eh bien ! on va bientôt voir que même
cette garantie va être, après coup, à l'insu et en dehors de l'assemblée, enlevée
aux actionnaires.

Ce traité de résiliation d'août 1840 a-t-il été connu de l'assemblée générale ?
Oui. Mais l'assemblée ne l'a accepté que parce qu'elle l'a cru sérieux et surtout
avec les garanties qu'il donnait. Or, quelle va en être l'exécution? Ici encore il faut
voir les gérants à l'œuvre. Il faut maintenant examiner les faits qui n'ont pas été
connus de l'assemblée, qui n'ont pu l'être, car il s'agissait là d'exécution et non
d'organisation. Dès lors l'assemblée générale, ni même le conseil de surveillance
qui, en définitive, avait un pouvoir très-limité, n'avaient action sur ce point.

L'effet de ce dernier traité était de changer complètement la situation des deux Sociétés. Ainsi, par suite du premier traité, la Compagnie du bitume de couleur était devenue débitrice de 498,000 fr.; elle avait dû s'acquitter, et vous savez aussi comment elle s'était acquittée.

Par l'effet de la résiliation, la Société Seyssel va, à son tour, devenir débitrice. Vous allez voir comment ce point grave et important dans cette Société a été tranché tout-à-coup par les deux gérants, en dehors de ce seul arbitre, qui désormais constituait au profit de la Société Seyssel la garantie que celle-ci pouvait avoir à espérer pour l'appréciation et le jugement des contestations qui pouvaient s'élever entre elle et la Société Jagou.

Tout a été connu, dit-on, de la Société Seyssel! Apprécions bien ce fait. Quand on s'était présenté à l'assemblée générale pour demander la résiliation du traité, quel avait été le langage du gérant dans la séance du 24...? Le gérant avait abordé les Actionnaires en disant: Je viens solliciter de vous la résiliation du traité consenti il y a un an. Pourquoi donc? avait-on à l'instant répondu : le traité est fait, il faut que la Compagnie du bitume de couleur l'exécute. M. Jagou, dit alors M. Coignet, ne peut pas remplir ses engagements ; n'insistez pas pour que le traité s'exécute, car vous viendriez vous briser contre une faillite, et l'intérêt de la Société n'est pas de pousser les choses à la rigueur.

Alors dans une autre assemblée, car la discussion se prolonge, dans l'assemblée du 31 juillet 1840, on dit : Si le traité est résilié, comme c'est par la faute de la Société du bitume de couleur, il faut procéder dans cette circonstance selon l'usage, en demandant des dommages-intérêts à celui qui n'exécute pas, et il est entendu qu'en présence des faits il sera au moins stipulé, contre la Société Jagou, des dommages-intérêts. Or, en a-t-on stipulé? A-t-on obéi en cela à l'assemblée générale? Pas du tout; au contraire, la Société Seyssel a été sacrifiée dans l'exécution du traité de 1840, comme elle l'avait été primitivement dans celle du traité de mai 1839, et voici les sacrifices. Ainsi on demande à la Société Seyssel de restituer les cent cinquante-deux actions précédemment données comme dépendant de la Société du bitume de couleur. Or, dans l'intervalle qui s'était écoulé, de 1839 à 1840, j'ai dit que la Société Seyssel obéissant aux demandes d'argent qui avaient été faites, avait dû verser les troisième et quatrième quarts. En conséquence, les actions avaient entre ses mains une valeur de 1,000 francs au moment où l'on résiliait le traité. Il était donc naturel qu'on prît pour 1,000 francs les actions données pour cette somme. Il n'en a pas été ainsi. Après un an d'intervalle ces mêmes actions, qui coûtent à la Société Seyssel 1,000 francs, ne lui sont reprises que pour 600 francs; 400 francs de perte sur chaque action ! A coup sûr ceci n'a pas été consenti, pas même dit à la Société générale des actionnaires, qui ne consentaient la résiliation qu'autant qu'il y aurait des dommages-intérêts stipulés de la Société Jagou, et payés par elle. Chose admirable ! c'est la Société Seyssel qui va faire des sacrifices, elle qui est prête à exécuter le traité ! Et la Société Jagou profitera, elle qui n'exécute pas !

Voilà comme on entend encore le traité de résiliation. En sorte que vous apercevez toujours le rôle à double face, les gérants parlant aux assemblées générales un langage tel, que les assemblées générales donneront leur assentiment ; puis, quand une fois, à l'aide de l'erreur et du mensonge, on est parvenu à obtenir cet assentiment, dans l'exécution les deux gérants reprennent le rôle de spoliateurs, et une Société est sacrifiée à l'autre ; la Société Seyssel toujours sacrifiée.

Les affaires marchent encore, des discussions s'élèvent par suite de ce traité, les intérêts et les comptes vont se compliquer. Il y a lieu alors à procéder à un arbitrage.

Nous arrivons ici à la sentence arbitrale sur laquelle j'ai à vous dire un mot. On vous a dit : C'est là un incident qui a été très-sérieusement engagé et suivi ; des discussions très-vives ont eu lieu entre les deux gérants devant l'arbitre, et même la vivacité de la controverse a été poussée à ce point que M. Coignet a été obligé de s'éloigner, et qu'il a été remplacé par M. Eyquem. Quand on a entre les mains le procès-verbal, quand on le lit, on ne comprend pas l'articulation qu'on a osé produire ; on ne comprend pas que l'aveuglement ait été jusqu'à ce point. Le procès-verbal à la main, voilà ce qui s'est passé. Des contestations graves s'étaient engagées sur les comptes, et il fallait nécessairement qu'un arbitrage les vidât ; il fallait aussi, aux termes du traité de 1840, que l'unique arbitre choisi par les parties s'expliquât non-seulement sur les époques du paiement du solde fixé après l'examen des comptes, mais qu'il s'expliquât sur le mérite des comptes, sur leur moralité matérielle, et sur leur moralité comme comptabilité.

Telle était la mission de M. Durmont. Voyons comment elle a été accomplie. L'assemblée générale a connu le compromis, oui ; elle l'a voulu, oui. Mais si on s'est placé dans l'exécution en dehors du consentement donné, nous retrouverons alors ici les traces de ce système que nous devons combattre avec énergie.

Or, c'est le 5 juillet 1841 que M. Coignet et M. Jagou se présentent devant M. Durmont, arbitre. M. Durmont se constitue, et sa mission est de prononcer sur les comptes. Que se passe-t-il ?

Dès le 10 juillet 1841, les débats sont clos, et la sentence doit être rendue dans le délai de trois mois, à partir du 5 juillet 1841. Les délais expirent, la sentence n'est pas rendue. Dès lors M. Durmont ne pourra plus procéder désormais qu'en vertu d'une mission nouvelle qui lui sera donnée.

Telle est la première époque de l'arbitrage dont mon adversaire a fait complètement abstraction, encore bien qu'elle soit reproduite textuellement dans le procès-verbal même qu'il a entre les mains et dont je l'extrais. Il n'y a pas d'erreur possible. Voilà le fait matériel. 5 juillet, constitution ; 10, discussion ; les débats sont clos, la sentence doit être prononcée ; le délai du compromis expire sans qu'elle soit prononcée.

Il y a à cela une raison : il faut vous dire pourquoi cette sentence, qui, après les débats du 10 juillet, aurait dû être prononcée, ne l'a pas été.

Jagou et Coignet avaient des rapports de plus en plus étroits. Coignet était menacé dans sa position de gérant, les Actionnaires de Seyssel avaient les yeux ouverts sur lui. Dès lors il comprenait plutôt instinctivement qu'après examen que sa position devenait précaire. Il sentait aussi qu'il avait un grand intérêt à être remplacé par un homme discret, qui aurait lui-même un intérêt égal au sien ; qui, par conséquent, ne jetterait aucun jour, même aucun demi-jour, sur les opérations de sa gérance, et notamment sur sa comptabilité.

Or, que se passait-il alors dans les assemblées générales de la Compagnie Seyssel ? Coignet arrivait dans le sein de ces assemblées, et voici le langage qu'il tenait à la date du 27 mai 1841 :

« Coignet déclare que sa démission dépendra de la personne qui sera choisie pour le remplacer ; il la donnera si c'est M. Jagou ; mais il pourra bien ne pas la donner si l'on pense à une autre personne. »

Ceci est clair, c'est le langage même de M. Coignet, extrait du procès-verbal des assemblées. Qu'on vienne dire ensuite que entre Coignet et Jagou il y a une inimitié prononcée ; que l'assemblée générale s'était jetée dans les bras de Jagou, qu'elle ne voulait accepter que lui ! Comment ! vous l'avez proposé, et l'on a résisté à votre proposition ! Quelque envie que l'on eût de voir disparaître le gérant Coignet, on combattait la proposition qu'il faisait. Et alors, Coignet, qui voulait avoir, dans le sein de l'assemblée, un homme sur lequel il pût compter, disait : « Vous voulez ma démission, vous y tenez, vous y avez intérêt, alors je demande que l'on me donne pour remplaçant M. Jagou. Si vous n'acceptez pas M. Jagou, alors je pourrai ne pas donner, je ne donnerai pas ma démission ; et, en effet, il ne l'a pas donnée.

Coignet ne donne pas sa démission. L'assemblée générale n'accepte pas Jagou. Que fait alors Coignet ? Il s'entend avec Jagou ; il lui donne, à la date du 15 juillet 1841, une procuration ; il faut encore voir ce que c'est que cette procuration, et aussi quelles seront les garanties qui en pourront résulter pour la Société Seyssel, et quels sont les dangers que la Société Seyssel pourra courir en présence d'un pareil acte, si jamais il reçoit son exécution. La procuration contient, en résumé, ce qui suit :

Pouvoir à Jagou d'administrer la Société Seyssel au lieu et place de Coignet. Mais, en même temps, *interdiction*, tant que durera la procuration, de *régler les comptes* à faire entre les deux Sociétés de Seyssel et du bitume de couleur.

Jagou pénètre donc ainsi au sein de la Société Seyssel ; c'est là ce que voulait Coignet : il l'avait demandé ; l'assemblée générale ne l'avait pas accordé. Au moyen d'une procuration, Jagou va devenir le gérant réel de la Société Seyssel, et alors le voilà en vérité dans une singulière position. Il est d'abord le gérant de fait et de droit de la Société du bitume de couleur, et il devient, par l'effet de la procuration, le gérant réel, de fait, de la Société Seyssel. Il y a entre ces deux Sociétés des rapports d'intérêts tels, que la créance de l'une à l'égard de l'autre peut être chiffrée par une somme considérable ; que va faire Jagou ? Il y a une chose que la raison et que le texte de la procuration commandent, c'est que, du moins, tant que Jagou sera le procureur fondé de Coignet, tant qu'à ce titre il sera tout à la fois le gérant de l'une et de l'autre Société, il soit impossible, en bonne raison, en moralité vulgaire, que les rapports entre les deux Sociétés soient appréciés et fixés par l'homme qui tient dans ses mains les deux Sociétés, les registres des deux Sociétés. C'est pour cela aussi que lorsqu'on vient dire aux assemblées de Seyssel qu'une procuration va être donnée, on s'empresse d'ajouter : Ne vous en effrayez pas, en même temps que nous donnons une procuration à M. Jagou pour qu'il gère les affaires de Seyssel, nous lui interdisons de rien arrêter en ce qui concerne les difficultés survenues entre Coignet et les Actionnaires du bitume Roux, et le règlement des comptes entre les deux Compagnies.

Vous croyez alors que cette procuration, et les clauses qu'elle contient, vont recevoir leur exécution ! La loyauté, le sens commun, le texte le disent. Eh bien ! pas du tout. C'est alors qu'on va reprendre l'arbitrage qui avait cessé ; on va le reprendre en violation flagrante de la procuration. C'est alors, en effet, que commence le second arbitrage dont mon adversaire, mettant de côté le premier, vous a seulement parlé.

Ce second arbitrage s'ouvre par la constitution du 2 janvier 1842. Qui donc figure dans cet arbitrage? D'un côté, c'est Jagou, le gérant de droit et de fait de la Société du bitume de couleur, et le gérant de fait de la Société Seyssel. Et puis à côté, en face de Jagou, vient se placer non pas même Coignet, l'ancien gérant, connaissant au moins par cœur, et sans avoir besoin de prendre les livres, la situation de la Société Seyssel; c'est M. Eyquem, employé dans la Société Seyssel, non pas employé principal à la comptabilité, mais directeur des travaux. On dit qu'on a débattu les comptes devant M. Durmont, l'arbitre; je donne à cela le démenti le plus formel : rien n'a été débattu devant M. Durmont. Les comptes n'ont pas été présentés, des pièces n'ont pas été fournies; des conclusions de forme ont simplement été posées. Et cela est si vrai que, d'une part, le procès-verbal de M. Durmont le constate, et qu'il déclare qu'il n'est pas en son pouvoir de donner une décision sur le fond de la contestation, et que, d'autre part, si mon adversaire a interrogé M. Durmont, il saura qu'il n'a pas voulu, lui, se mêler à cette misérable comédie.

Eh! qui aurait discuté les comptes en effet ? Est-ce par hasard M. Eyquem ? il n'avait ni les registres, ni les pièces. Entre quelles mains reposaient les registres et les pièces? Dans les mains de M. Jagou, le gérant de fait de la Société Seyssel; c'est M. Jagou qui voulait faire fixer un chiffre considérable pour le bitume de couleur, sauf à l'absorber ensuite par les manœuvres qui ont amené la cession sur laquelle j'aurai à m'expliquer plus tard. Or, il se serait donné bien de garde, en présence de cette éventualité, d'aller produire devant l'arbitre des pièces à l'aide desquelles on aurait pu contester ces chiffres. Non, il n'y a pas eu de contestation, point de pièces produites. L'arbitre n'a pu se faire une idée de l'état des comptes. On a été devant l'arbitre, on a posé des conclusions de forme; la discussion ne s'est pas engagée, elle ne pouvait pas s'engager; les éléments n'étaient pas là, ils étaient retenus par Jagou, qui figurait dans l'arbitrage comme gérant de fait d'une Société, et gérant de droit de l'autre, c'est-à-dire réunissant tous les intérêts.

Voilà comment on a violé la procuration qui disait que tant que M. Jagou serait investi de cette procuration, il serait impossible que les deux intérêts du bitume de couleur et de Seyssel fussent discutés et leurs comptes examinés, qu'en un mot, les rapports des deux Sociétés fussent fixés. La réserve était juste, honorable. Eh bien! M. Jagou a tout violé effrontément. Comment peut-on légitimer, excuser une conduite semblable? On nous dit : La procuration était connue; la Société avait besoin de M. Jagou; il l'a très-bien exploitée, il lui a prêté son argent, il y a de l'ingratitude à la Société Seyssel à se plaindre de l'admission, de l'intervention de M. Jagou dans ses affaires. Après tout, la sentence a été plutôt favorable que défavorable à la Société Seyssel. Un mot sur toutes ces objections.

La procuration était connue, oui; mais les abus de la procuration ont-ils été connus? Et cette sentence arbitrale a-t-elle été approuvée par quelques uns des membres de l'assemblée générale, par quelques uns des Actionnaires? Que s'est-il passé ensuite en exécution de cette procuration? C'est à la date du 12 avril 1842 que la sentence arbitrale est rendue; cette sentence arbitrale dit : Il faut examiner ces comptes de près; moi arbitre, je ne les ai pas vus, je n'ai pas d'avis là-dessus, il faut que je sois éclairé, je demande qu'un teneur de livres examine. Eh bien ! le lendemain ou le surlendemain de la sentence arbitrale, M. Eyquem disparaît. Jagou et Coignet seuls se réunissent et signent sur un papier timbré l'acte dont je vais vous donner lecture :

« Entre les soussignés,

« MM. Coignet et Compagnie, propriétaires des mines Pyrimont Seyssel, demeurant à Paris, rue du Bac, n° 83, d'une part ;

« Et MM. Jagou et Compagnie, demeurant à Paris, rue du Faubourg-Poissonnière, n° 18, d'autre part ;

« A été convenu ce qui suit :

« Les parties, n'ayant pas été d'accord sur le règlement de leurs comptes respectifs, étaient convenues de s'en rapporter à l'arbitrage souverain de M. Durmont, agréé au Tribunal de commerce de la Seine, qui, dans la sentence qu'il a déposée au Tribunal civil du département de la Seine, et dont les soussignés ont pris connaissance, a fixé tous les éléments au débat et a renvoyé devant arbitres ou experts ces écritures pour déterminer le chiffre dont la compagnie Coignet restera débitrice envers la compagnie Jagou, dans le cas où les parties ne s'entendraient pas à l'amiable sur la fixation de ce chiffre.

« Dans ces circonstances, MM. Coignet et Compagnie, Jagou et Compagnie, sont convenus de fixer, d'une manière irrévocable et à forfait, et sans que l'une ou l'autre des parties puisse se prévaloir des éléments de la sentence arbitrale de M. Durmont, en ce qui concerne le solde du compte, à la somme de *quatre cent trente-cinq mille francs*, valeur au 15 mars 1841, dont MM. Coignet et Compagnie se reconnaissent débiteurs envers MM. Jagou et Compagnie.

« Le compte ci-dessus arrêté *à la somme de quatre cent trente-cinq mille francs*, ne préjuge rien sur les résultats du compte qui a continué entre les parties, à dater du 15 mars 1841 jusqu'à ce jour.

« Les parties déclarent que la sentence ressortira son plein et entier effet en ce qui n'a point de rapport à la fixation de la somme ci-dessus, et notamment en ce qui concerne les termes et paiements accordés par ladite sentence. »

Est-ce que jamais les Actionnaires avaient été avertis de cela ? Ils ont connu la procuration qui leur donnait quelque garantie, la garantie d'un homme expérimenté et d'honneur qui devait vérifier les comptes, les apprécier après avoir entendu le pour et le contre. Voilà tout. Or, cet homme a dit : Je veux être éclairé. Mais vous, vous étiez d'accord d'avance, et vous n'avez pas voulu l'éclairer sur la position respective des parties, et le lendemain de sa sentence, vous avez fixé entre vous deux, Coignet et Jagou, ou plutôt entre vous Jagou et Jagou, à 435,000 fr. la créance de la Société du bitume de couleur.

Continuons. L'exécution de la procuration a été, dites-vous, favorable. Vous voyez comment elle l'a été, et la sentence rendue et le forfait dont je vais vous rendre compte, attestent suffisamment que la procuration a été exploitée par Jagou, de connivence avec Coignet, dans leurs intérêts, mais jamais dans l'intérêt de la Société Seyssel.

Vous avez ouvert un crédit, dites-vous ? Oui, à l'aide d'un crédit ouvert chez M. Laffitte, vous avez pu réaliser une somme, non de 100,000, mais de 52,000 fr.

Vous dites que, pendant que vous avez eu la procuration, la Société a été exploitée au grand avantage des Actionnaires de Seyssel, et que vous avez fait d'immenses travaux. Les registres répondent encore, et les travaux s'élèvent à une somme de 179,000 fr., et ce n'est pas votre crédit personnel qui a amené ces travaux. La Société existait avant vous, avec vous et malgré vous, car vous la menaciez de ruine par toutes les tentatives que vous essayiez contre elle. Enfin, elle marchait Ce n'est pas votre mérite personnel qui amenait les commandes de 179,000 fr.

Et puis, vous faisiez payer cher vos services. Qu'a fait Jagou en effet? Jagou a demandé qu'on lui remît 50 actions de la Société Seyssel. On ne pouvait les détacher de la souche qu'en remplissant certaines formalités; ces formalités sont mises de côté, on n'avertit pas l'assemblée générale, et Coignet, de son plein droit, détache ces 50 actions et les remet encore à la Société du bitume de couleur, ou plutôt à M. Jagou.

Nous n'avons pas, dit-on, à nous plaindre de la sentence rendue, parce qu'elle ne règle rien, parce qu'il y aurait un compte à faire; que c'est le même teneur de livres qui a été maintenu dans la Société Seyssel, alors que Jagou s'y est introduit furtivement avec la procuration de Coignet. Il y a erreur matérielle sur ce point; il y avait en effet un teneur de livres à l'époque où M. Jagou s'est introduit dans la Société : c'était un M. Calon; et le 15 juillet 1841, le jour où la procuration a été signée, le jour où M. Jagou est entré dans le bureau en se disant maître et seigneur de la Société, M. Calon a disparu. Et si vous voulez en avoir la preuve matérielle, nous vous appelons encore à l'examen des registres. Vous verrez qu'à partir de cette époque M. Calon a cessé de recevoir les appointements de teneur de livres, qu'il recevait précédemment. Le teneur de livres a été mis de côté.

La sentence, nous dit-on, n'a rien réglé, par conséquent ne nous porte pas préjudice.

Ce n'est pas ainsi qu'on l'entendait dans l'origine du procès. C'est depuis que nous avons soulevé des résistances, qu'on a limité la sentence. Vous verrez bientôt dans les assemblées générales qu'on lui donnait plus de force qu'on ne le fait aujourd'hui. On entendait en faire une arme puissante en vertu de laquelle on pouvait tomber sur la Société Seyssel, sans que celle-ci pût résister à la demande des 435,000 fr.

On dit que nous sommes débiteurs de Jagou de sommes considérables. Nous vous disons : Non; et nous allons prouver que nous ne vous devons peut-être pas ce que nous vous offrons.

Quels seront les comptes qu'on osera nous présenter? Jugez-en, Messieurs, par une pièce qui m'a été remise depuis la dernière audience, signée de M. Blanchier, expert-teneur de livres, commis par ordonnance du président de la Seine, du 3 février 1843, à l'effet de vérifier la comptabilité de Coignet, gérant révoqué. Voici ce qu'il y a trouvé :

« Je soussigné, expert teneur de livres, commis par une ordonnance de référé de M. le Président du Tribunal civil de la Seine, en date du 3 février 1843, à l'effet de vérifier la comptabilité de M. Coignet, gérant révoqué de la Société Seyssel, continuée par M. Jagou, son fondé de pouvoirs, jusqu'au 15 novembre 1842.

« Certifie que, parmi les pièces mises à ma disposition par l'inventaire des papiers de la Société, fait par Me Yver, notaire, il s'est trouvé un compte émané des bureaux de M. Jagou, entre la Compagnie du bitume de couleur et la Société Seyssel, portant énonciation de pièce première de la cote 136e, duquel compte il résulterait que, le 10 mars 1841, il serait sorti de la caisse du bitume, de couleur une somme de 35,227 fr. 78 c. qui serait entrée dans celle de Seyssel.

« Que cependant, à cette date ni à aucune autre, cette somme n'est portée sur le livre de caisse de la Société Seyssel, ni sur aucun autre de ses registres, et que la mention d'un reçu du 27 mai 1840, que l'on voudrait appliquer à ce paiement, ne peut le concerner en aucune façon.

« D'où il suivrait que, soit à la Compagnie du bitume de couleur, soit à la Société de Seyssel, il y aurait eu détournement de cette somme de 35,227 fr. 78 c.

« Paris, le 10 février 1844.   « BLANCHIER. »

Voilà comme on entend un compte ; ce compte, nous l'avons, et sur ce compte figurent effectivement les 35,000 francs qui seraient sortis, dit-on, de la caisse du bitume de couleur pour entrer dans la caisse de Seyssel ; or, cela n'est pas vrai : ce compte est faux et il a été livré par Jagou ; et quand on examine les registres de la Société, on voit que jamais la Société n'a reçu la somme. En telle sorte que le teneur de livres, homme commis par la justice pour examiner la comptabilité de la Société Seyssel, a dit que ces 35,000 francs ont été détournés, soit de l'une soit de l'autre des deux Sociétés. Et puis l'on dit : Faites des comptes avec nous ; examinez les registres ; examinez les registres tenus par Coignet, tenus par lui ou Jagou, registres soumis à une comptabilité dont la morale était celle énoncée dans ce compte resté entre les mains de la Compagnie Seyssel, signé de vous. Comment ! c'est en présence de pareille comptabilité qu'on vient dire : Comptez donc avec nous, vous êtes nos débiteurs !

Compter avez vous ! Si vous avez le droit de compter, à la bonne heure ! Mais vous êtes un cessionnaire de droit litigieux ; et, en conséquence, nous avons le droit de vous répondre : Nous ne compterons pas.

S'il fallait débattre avec les Actionnaires de la Compagnie du bitume de couleur, nous pourrions leur dire : Faisons justice de nos deux gérants. Vous, Actionnaires, vous n'avez pas trempé dans toutes ces manœuvres, dans toutes ces fautes. Apprécions la moralité de ces comptes tenus par Coignet et par Jagou, nos deux gérants ; nous le pourrions avec des Actionnaires loyaux : mais avec vous, Jagou, tenir un pareil langage, lorsque vous aurez à répondre bientôt devant la police correctionnelle, où vous avez été traduit par la Société du bitume de couleur, non, vous n'offrez pas assez de garantie pour que nous acceptions vos offres.

Voilà, Messieurs, l'histoire de la créance des 435,000 francs. Vous voyez comment cette créance a été constituée, et comment nous sommes arrivés au chiffre de 435,000 francs ; comment, avec quelle loyauté, quelle probité, les actes ont été exécutés.

Maintenant j'aborde une deuxième partie de faits qui, grâce à Dieu, sera moins longue.

La Société de Seyssel se trouve donc constituée débitrice de 435,000 francs ; mais vous comprenez bien d'avance que Jagou ne s'est pas livré à toutes ces manœuvres dans l'intérêt par trop naïf de faire profiter la Société du bitume de couleur des 435,000 francs auxquels il était arrivé à l'aide des manœuvres les plus déloyales. Jagou travaillait pour lui, c'est bien clair ; mais enfin faisons-en la preuve. Jagou était, comme gérant de droit, à la tête de la Société du bitume de couleur ; elle avait été dissoute, mise en liquidation, et Jagou avait été nommé liquidateur de cette Société. Or, il s'agit pour lui de s'emparer des 435,000 francs qui composent l'actif unique de cette Société, ou tout au moins son principal actif. Permettez-moi ces détails ; ils vont compléter ce que je vous ai déjà dit.

Comment va-t-on s'emparer de ces 435,000 francs? La chose est on ne peut plus simple. Jagou a des actions du bitume de couleur; il va former une assemblée générale; la veille de l'assemblée il s'entendra avec le sieur Orbau. Il s'agit pour Jagou de se rendre propriétaire de cette créance de 435,000 francs, pour laquelle il a tant et si longtemps travaillé. Voici comment la chose va être préparée: Jagou est le liquidateur de la Société du bitume de couleur; il va assembler les Actionnaires de cette Société ; il leur fera un petit tableau de situation de nature à les dégoûter de toute participation à ce qu'il y aurait à faire désormais pour opérer le recouvrement de l'actif; Orbau s'entendra avec lui et il dira : Il serait bien plus simple d'en finir et de céder nos droits à quelqu'un qui s'en rendrait acquéreur. Est-ce qu'il n'y aurait personne qui voudrait s'en charger? M. Jagou répondra : Quant à moi, je suis liquidateur ; je ne puis pas faire cette opération. Il y a un moyen, répondra Orbau: Vous donnerez votre démission de liquidateur, et je serai liquidateur à votre place un jour, uniquement pour vous céder la créance : et puis le tour est fait; la créance est dans les mains de Jagou, moyennant 85,000 francs.

Tout cela se passe comme il avait été dit.

J'ai demandé communication du procès-verbal de l'assemblée générale du bitume de couleur. Vous allez voir se reproduire tous les faits que je viens d'analyser, et notamment une chose qui m'étonne beaucoup et qui fait que je comprends peu la discussion que nos adversaires ont présentée tout-à-l'heure sur la question de *procès engagé.*

« L'an mil huit cent quarante trois, et le vingt-neuf du mois de mars, les Actionnaires du bitume de couleur se sont réunis en assemblée générale, rue du Faubourg Poissonnière, 18, ainsi qu'ils y avaient été convoqués par les insertions faites dans les journaux légaux, et par lettres adressées par le liquidateur, au domicile des porteurs d'actions connus.

« Le nombre d'actions en circulation étant de cinq cent cinquante-neuf, et la feuille d'entrée constatant la présence de quatre cent trente-sept actions, le liquidateur invite les Actionnaires à former le bureau.

« L'Assemblée nomme *pour président, M. Jagou*; pour secrétaire, M. Maurize, et pour scrutateurs, MM. Levillain Dufriche et Alexandre Suarès.

« M. Jagou lit un rapport duquel il résulte que la Compagnie de Seyssel *veut revenir sur l'arrêté de compte fait entre M. Coignet son ex-gérant et la Société du bitume de couleur ; que l'on ne reconnait pas la sentence de M° Durmont, fixant les bases de cet arrêté de compte.* M. Jagou ajoute que, lassé de toutes les difficultés que l'on lui faisait, il a été obligé de faire saisir la Compagnie de Seyssel, qui non-seulement refuse le capital, mais même les intérêts, et jusques aux frais avancés pour son compte à l'occasion de la sentence arbitrale.

« M. Jagou *ajoute qu'il est nécessaire, pour soutenir le procès engagé contre la compagnie de Seyssel, de se cotiser et d'avancer certaine somme par actions, ajoutant que, pour lui, il est disposé à verser au prorata de celles qu'il possède.*

« Un membre répond que, tout en reconnaissant l'utilité de la mesure demandée, il n'est pas dans l'intention de faire aucune avance, n'étant même pas certain de rentrer dans cette avance plus tard.

« Plusieurs membres parlent dans le même sens.

« Un autre membre dit que, d'après l'article 33 des statuts, l'assemblée peut déterminer le mode de liquidation qui lui paraîtra le plus convenable aux intérêts de la Société ; il pense que le seul moyen de tirer quelque parti de la liquidation, serait de la vendre en bloc et à forfait à quelqu'un qui en prendrait toutes les charges à ses risques et périls, et qui, en outre, paierait une somme quelconque à distribuer immédiatement aux porteurs d'actions ; il ajoute que celui-là seul qui sera propriétaire du tout, aura un assez grand intérêt pour faire les avances nécessaires, et au moins, dans cette position, il courra les bonnes comme les mauvaises chances.

« Un autre membre émet l'opinion que, dans tous les cas, si le liquidateur est autorisé à traiter, on doit fixer une somme au-dessous de laquelle il ne pourra le faire : il interpelle M. Jagou sur la question de savoir s'il ne lui conviendrait pas de traiter lui-même, attendu le grand nombre d'actions dont il est déjà propriétaire.

« M. Jagou répond qu'il a déjà beaucoup de fonds engagés, que l'opération lui paraît trop lourde pour en prendre toute la responsabilité pour lui seul, mais que si quelqu'un dans l'assemblée voulait s'associer avec lui pour moitié, pour un quart, ou si plusieurs Actionnaires voulaient s'intéresser dans l'opération pour une part quelconque, il fera l'affaire conjointement avec eux ; que, dans tous les cas, il ne peut acquérir directement de l'assemblée, qui ne peut devenir liquidatrice, et que pour se mettre sur les rangs, pour acquérir la liquidation, il est nécessaire qu'il donne sa démission de liquidateur, et qu'il soit remplacé dans ses fonctions par quelqu'un.

« Après une longue discussion sur le mode à prendre pour régulariser la cession de la liquidation, et sur le chiffre minimum auquel cette cession pourrait être faite, l'assemblée accepte la démission de M. Jagou de ses fonctions de liquidateur.

« Elle nomme, à l'unanimité, M. Orbau, rue des Rosiers, 11, pour nouveau liquidateur.

« Ce dernier fait observer qu'il accepte ces fonctions pour être utile à la liquidation, mais qu'il n'entend les garder que juste le temps nécessaire pour régulariser la cession de cette liquidation.

« L'assemblée détermine aussi à l'unanimité les pouvoirs du nouveau liquidateur, de la manière suivante :

« Le nouveau liquidateur est expressément autorisé à traiter de l'actif de la liquidation, en bloc et à forfait, de manière à ce que celui qui en deviendra acquéreur, se charge, outre son prix d'acquisition, d'acquitter toutes les dettes et charges de la Société, de quelque nature qu'elles puissent être, et de telle sorte que la totalité du prix payé soit distribuée aux porteurs d'actions, sans aucun recours contre eux, pour quelque cause que ce soit.

« Le liquidateur ne pourra faire la cession que pour le minimum de quatre-vingt-trois mille huit cent cinquante francs.

« Le nombre des actions actuellement en circulation étant de cinq cent cinquante-neuf, l'acquéreur devra payer au porteur de chaque action une part de la somme payée, dans la proportion d'un cinq cent cinquante-neuvième.

« Il devra payer les actions au fur et à mesure qu'elles se présenteront, et sur le simple visa du liquidateur.

« Le cessionnaire devra s'obliger à garantir la Société contre toutes réclamations qui pourraient être exercées contre elle par les propriétaires d'actions détruites ou égarées, et, par suite, le dit cessionnaire sera subrogé dans tous les droits et actions de la Société, pour opposer toute prescription ou autre moyen de libération autorisé par la loi; il profitera, s'il y a lieu, des dividendes afférant aux actions qui ne se présenteraient pas, ou qui seraient repoussées par une exception quelconque. Celui qui achètera, sera mis en possession de tous les livres, titres et documents de la liquidation, afin qu'il puisse faire valoir ses droits, ainsi que de raison, à l'égard des tiers.

« Après la rédaction des pouvoirs ci-dessus, et la fixation du chiffre de quatre-vingt-trois mille huit cent cinquante francs comme minimum du prix de cession, M. Jagou annonce qu'il traitera, à défaut d'autres, à ce prix, mais il ajoute qu'il est tout disposé à recevoir pour associés, ceux des membres de l'assemblée qui voudraient courir les mêmes chances que lui, et cela, dans la proportion qui pourrait convenir à chacun d'eux, et même pour la portion des actions qu'ils possèdent; il interpelle tous les membres à cet égard, et tous lui répondent qu'ils ne veulent courir aucunes nouvelles chances, et qu'ils préfèrent toucher immédiatement ce qui peut leur revenir.

« M. Orbau annonce alors qu'il traitera, dès le lendemain, avec M. Jagou, et ce dernier déclare qu'on pourra se présenter, pour toucher chez lui, à dater du 31 mars courant.

« Après quoi, la séance a été close, a dix heures et demie du soir, les mêmes jour et an que ci-dessus. »

Vous l'entendez, il n'y a qu'un actif dans la Société: les 435,000 fr. C'est si bien tout l'actif qu'on va vendre pour 83,000 fr., que l'on consentira à ne recevoir que 150 fr. par actions.

Lorsque Jagou eut lu son rapport, à ces mots: « Nous sommes en contestation; il faut de l'argent pour soutenir le *procès engagé*; Actionnaires, apportez-moi encore quelques petites sommes; » vous eussiez vu tout le monde se récrier et dire : « Mais, non! mais, pas du tout! nous avons assez perdu, nous ne voulons pas encore donner de l'argent pour soutenir un procès que vous présentez comme désespéré. » Et M. Jagou persistait d'autant plus, c'était son intérêt, à faire la position désastreuse.

Il y réussit si bien que, malgré ses offres, personne ne voulut s'associer à son opération. C'était le coup de maître. Alors la ruse se dénoua; le tour était joué. Il fut décidé qu'en fait on nommerait un liquidateur. Quel liquidateur? M. Orbau, celui qui avait fait la très-adroite proposition. Cependant, Orbau prit toutes ses garanties. « Je veux bien être liquidateur, dit-il, mais rien qu'un jour, pas davantage. Je veux céder immédiatement à Jagou, qui accepte, la totalité de la liquidation; je ne saurais trop tôt m'en débarrasser.

En effet, le lendemain de cette petite assemblée générale, la cession est immédiatement faite par Orbau à Jagou. Jagou devient ainsi, moyennant 83,000 fr., propriétaire de tout l'actif de la Société Seyssel. Mais par ces mots : tout l'actif, entendez qu'il devient propriétaire de la créance litigieuse des 435,000 fr., et de rien autre chose. C'est le 29 mars 1843 que l'assemblée générale est tenue; c'est le 30 mars que la cession est faite par Orbau de tout ce qui compose l'actif de la Société, moyennant la somme fixe de 83,000 fr.

Jagou, qui pourtant est bien audacieux, a été étonné de sa propre audace. En conséquence, il n'a pas immédiatement songé à faire valoir le titre de créance qu'il venait de conquérir. Un an s'est écoulé sans qu'il demandàt rien à la Société Seyssel. Mais, en février 1843, Jagou, qui avait beaucoup tourné autour de la Société Seyssel, afin de reconquérir le mandat qui lui avait été enlevé, voit s'évanouir toutes ses espérances. C'est alors que les hostilités vont commencer contre la Société Seyssel.

Je viens de m'expliquer, d'une part, sur la constitution même de la créance dont on réclame aujourd'hui le paiement; et, d'autre part, je vous ai dit comment, à l'aide de quelles manœuvres M. Jagou était parvenu à s'emparer de cette créance contre la Compagnie Seyssel.

Maintenant, j'examine comment les procès sur lesquels vous avez à statuer ont été intentés, et quelle a été la procédure suivie.

Les hostilités ont commencé le 13 février 1843. A cette époque, on a signifié à la Compagnie Seyssel la sentence arbitrale. Puis, à la date du 11 mars, on a poursuivi cette Compagnie en paiement des frais qui pouvaient être dus par suite de cette sentence. La Compagnie Seyssel a formé immédiatement, et à la date du 6 avril, une opposition à l'exécutoire des dépens qui avait été signifié à la requête des adversaires. Le 22 avril, on a assigné, à la requête de Jagou, la Compagnie Seyssel devant le tribunal de commerce en exécution de la sentence, non pas quant au capital, puisqu'elle ne s'expliquait pas sur ce point, mais quant aux intérêts des sommes dues. Et, pour la première fois, à cette date, on mettait très-timidement en avant une convention verbale, arrêtée entre Jagou et Coignet, par suite de laquelle la Société Seyssel serait devenue débitrice de la Compagnie du bitume de couleur d'une somme de 435,000 fr. Le 15 mai, immédiatement après cette poursuite, qui était plus grave que les précédentes, la Compagnie Seyssel a formé opposition à l'ordonnance d'exéquatur, et, à partir de ce moment, tout devait être et tout a été suspendu.

On est arrivé dans ces termes jusqu'aux vacances, en septembre et octobre 1843. C'est alors que les poursuites de Jagou sont devenues plus actives que jamais. Il a procédé contre la Compagnie Seyssel par des saisies-arrêts de toute sorte. Ainsi, n'osant pas encore prendre la base de ces poursuites dans la convention des 435,000 fr., n'ayant pas entre les mains de titre exécutoire, il a sollicité d'abord la permission du juge : les premières saisies-arrêts ont été en effet formées en vertu de cette permission. Puis, d'autres saisies-arrêts ont été formées en vertu de la sentence. Puis enfin on s'est décidé à faire enregistrer ce qu'on avait appelé jusqu'alors la convention verbale, et on a encore formé des saisies-arrêts en vertu de cette convention écrite alors enregistrée.

C'est dans ces termes que la Société Seyssel a repoussé toutes les poursuites, en demandant la nullité des saisies-arrêts, attendu qu'elles avaient été faites sans titre d'une part, et que, de l'autre, les titres sur lesquels reposaient ces saisies-arrêts, étaient entachés de dol et de fraude. C'est aussi à ce moment que le retrait litigieux a été exercé.

Nous sommes venus au commencement de l'année plaider sur le mérite de ces oppositions et sur le retrait.

Toutes ces causes étant jointes, il y avait à discuter, et nous discutâmes en effet, tout à la fois et sur le retrait, et sur l'opposition à l'ordonnance d'exéquatur; par conséquent, sur le mérite de la sentence arbitrale, et sur la valeur des saisies-arrêts; par conséquent aussi sur le mérite des titres sur lesquels ces différentes saisies-arrêts ont été basées; sur la permission du juge, sur la sentence arbitrale, et enfin sur la convention des 435,000 fr.

C'est après les plaidoiries seulement qu'à la date du 14 novembre 1843, une assignation nous a été donnée à la requête de Jagou, pour que nous ayons à comparaître devant le tribunal de commerce, à cette fin de voir déclarer régulier l'arrêté de compte signé entre Jagou et Coignet, qui fixait le chiffre de la créance à une somme de 435,000 fr.

Telle est la procédure suivie par le sieur Jagou. Ainsi le titre est de 1842, et pendant une année entière on garde le silence. En février 1843, seulement, on commence les hostilités, mais très-timidement; on se contente de demander le paiement des frais, des intérêts; on ne parle que pour mémoire d'une convention verbale entre les parties; on ne fait pas enregistrer cette convention, non pas que l'on reculât devant des frais énormes, car, en définitive, la Régie n'a pris que 800 à 900 fr. de droits. Si on ne procède pas en vertu de cette convention, c'est qu'on en sait les vices, c'est qu'on en comprend le caractère dolosif et frauduleux, c'est qu'on n'ose s'appuyer sur elle.

Nous le répétons, ce n'est qu'après les plaidoiries, après que nous avons eu discuté devant le Tribunal contre cette convention qui fixait le chiffre à 435,000 fr., qu'alors, pour la première fois, on a songé à faire déclarer le titre valable et régulier. C'est alors aussi qu'on a traduit la Société Seyssel devant le Tribunal de commerce, et qu'on a conclu contre elle à ce que le titre de 435,000 francs fût déclaré régulier.

La résistance de la Compagnie Seyssel a été très-vive contre toutes ces poursuites, la Cour le comprend; l'intérêt de la Compagnie, en effet, était immense; c'était pour elle une question de ruine que la prétention de Jagou, ayant pour titre celui sur lequel je me suis déjà expliqué, et sur la valeur duquel je n'ai pas à revenir.

Il s'agissait donc de savoir si la spoliation tentée recevrait un brevet d'impunité de la justice, ou si, une fois découverte, elle ne devrait pas aussitôt disparaître, et si, en conséquence, le titre sur lequel elle s'appuyait ne devait pas être lacéré par la justice elle-même. Il s'agissait de savoir s'il était permis d'enrichir Jagou aux dépens d'une Compagnie indignement exploitée par lui.

Si Jagou avait rencontré parmi les agents de la Société Seyssel des hommes timides ou infidèles, cette Société eût été perdue; car, à l'instant même, tous les titres auraient été validés, et vainement nous serions venus plus tard demander à examiner si le titre de 435,000 fr. était ou non régulier. On nous aurait dit : Il émane de votre gérant; celui-ci était le propriétaire de la chose, il a pu signer, il a signé. Il a demandé l'exécution du titre, on ne lui a rien opposé; en conséquence, à côté du titre vient se placer la puissance judiciaire qui le consolide dans ses mains : vous n'avez plus rien à faire qu'à payer les 435,000 fr.

Voilà pourtant, je le répète, ce qui serait arrivé si la Société Seyssel avait eu des agents timides ou infidèles. Grâce à Dieu, il n'en a pas été ainsi, et voici pourquoi : dans l'intervalle écoulé depuis la constitution de la dette de 435,000 fr., la Société Seyssel avait examiné de près la conduite de son ancien gérant; cet examen avait été très-peu favorable, il faut le dire, à la réputation et à l'honneur de M. Coignet. La Société, après un examen très-approfondi, après avoir fait faire, notamment, un travail préparatoire qui fut confié aux soins de M. Du Mény, sur le compte duquel j'aurai à dire un mot dans un instant, s'était convaincue que, pendant toute la durée de la gestion de Coignet, les affaires de la Société avaient été non-seulement mal gérées, mais frauduleusement gérées. L'examen avait amené cette conviction à un tel degré, qu'on ne dut pas reculer, qu'on ne recula pas devant la demande de la destitution de Coignet. Cette demande, aux termes de l'acte social, devait être portée devant les arbitres, ce qui eut lieu. Les arbitres chargés d'examiner l'affaire et de résoudre les difficultés, étaient MM. Duvergier, Bourgain et Terré. La question fut discutée, et le résultat de la discussion amena la destitution de M. Coignet.

Une fois M. Coignet destitué, Jagou n'avait plus d'amis au sein de la Compagnie Seyssel. Désormais donc il avait à redouter l'examen qui serait fait ultérieurement de ses prétentions. Et, en effet, c'est grâce à l'activité que l'on a mise à faire disparaître un gérant infidèle, et pour introduire à sa place un gérant ou un administrateur fidèle, que nous avons pu soutenir utilement et franchement les procès engagés contre Seyssel à la requête de Jagou, et dont les résultats devaient être la spoliation et la ruine de cette Société. De là la grande colère de Jagou; de là aussi toutes les calomnies qu'il a dirigées contre ce qu'il a appelé le triumvirat de la Société Seyssel, c'est-à-dire MM. Du Mény, Eclaucher et Gabeaux. Pourquoi donc, me suis-je demandé en première instance, et je renouvelle cette question devant la Cour, une sortie si violente contre MM. Du Mény, Éclaucher et Gabeaux? Deux de ces noms, je dois le dire, n'avaient pas été prononcés en première instance; ils ne l'ont été que devant la Cour. Est-ce que M. Du Mény a été le maître de tout ce procès? Serait-ce par suite d'une haine personnelle qui aurait sa source dans je ne sais quels antécédents, que M. Du Mény aurait poussé à faire ces procès à Jagou? Pas le moins du monde. D'ailleurs, qui plaide dans l'affaire? Ce n'est pas M. Du Mény; M. Du Mény n'est pas le maître de la Société Seyssel; il n'est jusqu'ici qu'un administrateur provisoire, qui a reçu la délégation de ses pouvoirs provisoires, et d'une sentence arbitrale, et d'une ordonnance de référé; les véritables maîtres de l'affaire, ce sont les associés. Nos adversaires n'ignorent pas qu'alors qu'il s'est agi de renvoyer le gérant infidèle Coignet, l'assemblée générale a nommé un conseil qui s'est chargé de surveiller tous les procès de la Compagnie, tout à la fois contre Coignet, gérant infidèle, et aussi contre Jagou.

Quels sont donc les hommes qui se placent devant vous? Ce sont les membres composant le conseil, délégués par l'assemblée générale, ayant la confiance de tous, agissant non pas dans leur intérêt personnel, mais dans l'intérêt général de la Société; défendant aux prétentions de Jagou, précisément afin d'empêcher la ruine, la spoliation de la Société: ce sont MM. Gréban, le baron Dumesnil, le général Daullé; d'autres encore indiqués dans tous les actes de la procédure, notamment devant l'arbitrage.

Voilà les hommes qui se placent en face de vous, qui plaident contre vous. Ce sont là les véritables intéressés. Contre ceux-là, qu'avez-vous à dire? rien. Aussi n'avez-vous pas été tentés de rien dire d'eux devant le Tribunal de première instance, pas plus que devant la Cour; vous avez été réduits au silence. Quelque audacieux que soit Jagou , il a compris qu'il y aurait quelque impudeur, après avoir tenté la ruine d'une Société, à venir salir de ses injures des hommes dont le nom suffit pour repousser toute injure, quelle qu'en soit la source. Ne déplacez donc pas les questions , ne changez pas le personnel de vos adversaires suivant votre caprice. Encore une fois, vous ne plaidez pas contre MM. Du Mény, Gabeaux et Éclaucher, vous plaidez contre la Société Seyssel, représentée par des hommes sérieux, graves, honorables, contre lesquels vous n'avez rien à dire, contre lesquels vous n'avez rien dit, ni devant le Tribunal ni devant la Cour.

Mais il faut pourtant bien que vous me permettiez de dire un mot de ces hommes dont le nom figure plus particulièrement au procès, parce qu'ils ont un mandat judiciaire, en quelque sorte, et que c'est sous leur nom, plutôt que sous leur intérêt personnel, que vient se placer la procédure.

Quant à M. Eclaucher, je n'ai rien à en dire. Où donc mon adversaire a-t-il été chercher que M. Eclaucher fût pour quelque chose dans le procès? Est-ce que jamais il y a figuré? Est-ce que jamais il est arrivé, soit directement, soit indirectement, à se mêler des affaires de la Société Seyssel? Pas le moins du monde. Pourquoi donc son nom a-t-il été placé dans la bouche de mon adversaire? Le voici: c'est que M. Eclaucher, Actionnaire, non de la Société Seyssel, mais de la Société du bitume de couleur, poursuit Jagou par la voie correctionnelle. M. Eclaucher est l'adversaire de Jagou dans les intérêts de la Société du bitume de couleur, et non dans l'intérêt de Seyssel. Est-ce qu'il y a quelques rapprochements à faire entre le procès fait correctionnellement à Jagou par la Société du bitume de couleur, et le procès soutenu aujourd'hui contre lui par la Société Seyssel, à laquelle Jagou vient demander le paiement d'une somme de 435,000 fr.? Pas le moins du monde, ce sont deux Compagnies qui se plaignent, qui ont raison de se plaindre ; encore une fois, le nom de M. Eclaucher n'a rien à faire ici. Ce n'est pas lui qui dirige le procès.

Quant à M. Du Mény, il est vrai qu'il est l'administrateur provisoire. Je ne vous dirai qu'un mot à son égard, mais je vous prie de me permettre de le dire.

Comment a-t-il été placé à la tête de la Société Seyssel? Il y fut placé par suite de travaux préparatoires et par suite de l'examen auquel il s'était livré des travaux de la Société : travaux, examen, qui lui donnèrent occasion de signaler tous les tripotages faits pendant que Jagou et Coignet étaient à la tête de la Compagnie Seyssel. C'est par suite, et par sentence arbitrale, qu'il fut nommé administrateur provisoire de cette Société, titre qui a été depuis sanctionné par ordonnance de référé.

Depuis, on a voulu demander la destitution de M. Du Mény devant des arbitres ; et une sentence a été rendue qui l'a maintenu dans les pouvoirs qui lui avaient été déférés par sentence arbitrale.

Enfin , la Société de Seyssel tout entière, reconnaissant la probité de M. Du Mény et les services rendus par lui dans ses fonctions, lui avait déféré la gérance définitive. Il n'a pas voulu l'accepter tant que les procès subsisteraient, et qu'il n'y aurait pas liquidation entre la Société, Jagou et Coignet.

M. Du Mény n'a aucun intérêt personnel dans le procès. L'animosité que l'on a déployée avec tant de luxe contre lui, n'a d'autre cause que la fermeté avec laquelle il défend les intérêts qui lui sont confiés. S'il avait veillé avec moins de sollicitude à leur conservation , s'il avait été moins probe, s'il avait cédé aux suggestions et aux menaces qui lui ont été faites, s'il avait reculé devant les outrages et les calomnies qui ont été déversées sur lui avec tant de profusion, on l'aurait épargné, on l'aurait loué, peut-être, mais la Société de Seyssel aurait été, sinon perdue, au moins gravement compromise.

Voilà quel est l'administrateur Du Mény.

Quant à M. Gabeaux, c'est plus étrange encore. Celui-ci n'est qu'Actionnaire.

M. LE PRÉSIDENT. — Passez toutes ces explications, elles sont inutiles au procès.

Mᵉ MARIE. — Je passe. Le procès a donc été engagé. Or, quelle était la question que l'on avait à résoudre pour mettre de côté les prétentions soulevées au nom de Jagou? La question principale sur laquelle la Cour doit statuer encore aujourd'hui, c'est la question du retrait. Y a-t-il lieu à retrait? Le jugement du Tribunal de première instance doit-il être confirmé sur ce point? Voilà la question principale sur laquelle je vais immédiatement appeler l'attention.

En principe général, le but du retrait, soit en matière successorale, soit en matière litigieuse, en matière litigieuse notamment, puisque c'est d'un retrait litigieux qu'il s'agit dans l'espèce, est d'éviter qu'un tiers étranger n'intervienne par spéculation, ou n'intente des procès soit contre une succession, soit contre un débiteur. Pothier a indiqué, dans un passage, l'équité du retrait litigieux ou successoral; je lis ce passage :

« Voici ce qui se passe dans le retrait. Il y a un débiteur et un créancier. On achète du créancier la créance. Il s'agira de savoir lequel sera préféré, ou du débiteur qui viendra racheter une créance personnelle, ou de l'étranger qui aura acheté une créance impersonnelle. Quand il y a à choisir entre le débiteur lui-même qui veut se rendre acquéreur de la créance, et le tiers étranger qui l'avait achetée, il est juste, raisonnable, de donner la préférence au débiteur. Car en accordant ainsi au débiteur le droit de se substituer dans la cession consentie à l'acheteur du procès, d'une part on met de côté l'odieux acheteur du procès, et, de l'autre, on permet au débiteur de se libérer, de se soustraire à une spéculation qui avait été faite contre sa fortune, contre ses biens, à une spéculation pécuniaire, ou à une spéculation haineuse; car l'achat d'un procès peut reconnaître pour cause ce double mobile.

« Dans tous les temps le retrait litigieux a été parfaitement accueilli. C'est une institution ancienne. Ainsi, lorsque dans la loi romaine le retrait litigieux a été introduit, on avait d'abord songé à faire quelques exceptions que pourrait faire valoir l'acheteur contre le débiteur qui voudrait racheter sa créance. Mais lorsque Justinien, à son tour, posa les principes du retrait litigieux, il n'admit pas d'exception; et, dans tous les cas, par cela seul qu'il y avait une créance litigieuse vendue, qu'il était reconnu que la créance était véritablement litigieuse, il n'y avait pas de sa part de tolérance, et à l'instant même où le débiteur manifestait l'intention d'exercer le retrait, celui qui avait acheté contre lui sa créance ne pouvait pas se défendre par des exceptions quelconques.

« Ce qui domine dans l'ancien droit français, c'est ce principe qu'il faut toujours, à tout prix, éviter toute espèce de spéculation. Du moment qu'il y a acquisition d'un procès, et que l'on peut reconnaître, de la part de celui qui achète, l'intention de faire une spéculation, soit contre la fortune, soit contre l'honneur du débiteur cédé, à l'instant le débiteur peu se débarrasser de cette cession qui porte atteinte à son honneur ou à sa fortune, en disant au créancier : Ce que vous avez déboursé, le voici; par conséquent, désistez-vous du procès intenté contre moi. »

Ces principes sont venus se formuler dans les dispositions que vous connaissez, dans les art. 1699, 1700 et 1701.

Au surplus, que nous ayions le droit d'exercer le retrait litigieux, ce n'est pas en principe ce que l'on nous conteste. Mais nos adversaires nous disent: Nous repoussons l'exercice de ce droit par trois motifs. Il y a trois exceptions dans la loi, et nous les invoquons contre vous. Ainsi, d'une part, pour qu'il y ait un retrait litigieux possible, il faut qu'il y ait contestation sur le fond du droit. L'article est formel.

D'autre part, pour qu'il y ait retrait litigieux possible, il faut que la créance seule ait été cédée. Que si, à côté de cette créance, se placent d'autres créances, d'autres valeurs, si la cession n'a pas porté sur un objet unique, alors le retrait litigieux ne peut être exercé.

La troisième exception est celle-ci : Lorsque celui qui a acheté le procès ou la créance litigieuse était co-propriétaire de cette créance, en raison de cette co-propriété il échappe encore à l'action en retrait qui pourrait être exercée contre lui.

On a bien dit un mot en passant, dans la plaidoirie, d'une autre exception qui consisterait à dire que si on est créancier, on peut encore empêcher le retrait ; mais, dans la note imprimée en dernier lieu, on ne parle pas même de ce moyen qui ne s'était pas formulé, au reste, devant les premiers juges. Ce n'est que très-accessoirement qu'elle s'est produite devant la Cour. Je n'en dirai qu'un mot.

Voyons si, en effet, les adversaires peuvent échapper au retrait litigieux à l'aide de l'une ou de l'autre de ces exceptions, car il est accordé qu'il faut que l'on soit placé dans l'une des exceptions pour que le retrait soit impossible.

On dit qu'il n'y a pas lieu à retrait, parce que le droit lui-même n'aurait pas été litigieux. Pour repousser cette exception au sein de laquelle on voudrait se placer, il suffit véritablement de résumer les faits. Vous allez voir à l'instant même que la créance non-seulement était litigieuse, mais que c'était bien le fond du droit qui était depuis longtemps en contestation avec les parties.

En effet, que s'était-il passé? Quels rapports avaient existé entre la Société Seyssel et la Société du bitume de couleur? La Société du bitume de couleur avait rétrocédé à la Société Seyssel ce que précédemment elle avait acheté d'elle. Par suite, il y avait un compte à faire entre les parties. Il pouvait faire naître des contestations plus ou moins importantes dans les deux Sociétés. Il avait été déclaré dans l'acte de rétrocession que ces contestations devraient être décidées devant un arbitre désigné, lequel était chargé de statuer non-seulement sur les époques de paiement du solde, mais sur le chiffre même de la créance, c'est-à-dire sur le fond du droit.

Eh bien! devant l'arbitre, Mᵉ Durmont, est-ce qu'il était simplement question de s'expliquer sur la qualité, sur l'accessoire d'une créance? Non. Il s'agissait de s'expliquer tout à la fois sur le principe, sur la cause, sur le montant de la créance, et, en définitive, sur les époques de paiement. Telle était la contestation engagée devant Mᵉ Durmont.

Une première fois la sentence arbitrale ou l'arbitrage ne reçoit pas d'exécution ; on la suspend, et puis le délai s'écoule. Une seconde fois on se présente devant l'arbitre ; il est entendu qu'on discutera à la fois sur le fond du droit et sur les époques du paiement. Que fait Mᵉ Durmont? A-t-il rendu une sentence définitive?

Cette sentence a-t-elle réglé les contestations nées sur le fond en même temps que sur les accessoires du droit, sur le chiffre de la créance en même temps que sur les époques du paiement? Pas le moins du monde. M° Durmont n'examine pas. Est-ce qu'il pouvait examiner? Est-ce qu'on s'expliquait devant lui? N'ayant pas entendu suffisamment les parties sur la contestation engagée, c'est-à-dire sur le mérite des comptes, sur les causes de la créance, il n'a pas voulu par lui seul décider une question qui ne pouvait être résolue qu'après un examen ultérieur, c'est-à-dire après un préparatoire, et ce préparatoire il l'a ordonné par la sentence que vous connaissez, de laquelle il résulte qu'à cet égard il n'y a encore rien de jugé, qu'il faudra nécessairement revenir devant l'arbitre afin qu'il s'explique lui-même.

M. LE PRÉSIDENT. — M° Marie, passez au deuxième moyen.

M° MARIE. — J'aborde donc le deuxième moyen. M. Jagou a acheté, dit-il, une liquidation et non pas une créance. En conséquence, comme la créance Seyssel ne se trouve pas être l'unique objet vendu, il n'y aurait pas lieu à retrait. J'ai cherché d'abord dans les articles 1699, 1700, 1701, cette exception invoquée par nos adversaires. Je ne la trouve nulle part. Ainsi, la loi ne dit pas que lorsqu'on aura vendu plusieurs créances à la fois, le retrait sera interdit à tous les débiteurs cédés. Pas le moins du monde. Ce n'est pas là une exception. Qu'en résulte-t-il? Que le principe général reste debout; que la règle générale doit recevoir son exécution. Or, comme le principe, la règle générale est nécessairement le retrait; on aurait alors le droit de l'exercer, qu'il y ait une ou plusieurs créances cédées, qu'il y ait une ou plusieurs valeurs.

Je ne trouve donc pas l'exception dans la loi, et comme la loi est limitative, on reste dans les limites étroites du principe.

Mais il était impossible que cette exception fût introduite par le législateur. Comment! Voici une loi qui nous dit : si une créance litigieuse a été cédée par l'ancien créancier à un tiers, le débiteur pourra à l'instant même exercer le retrait, en remplissant certaines formalités, en faisant certaines offres. Et puis, si plusieurs créances ont été cédées, comme l'abus sera beaucoup plus fort dans ce cas, comme il y aura quelque chose de beaucoup plus odieux à acheter plusieurs procès qu'à en acheter un seul, par cela que plusieurs procès auront été vendus, que plusieurs créances seront tombées dans la cession, il serait impossible à aucun débiteur d'exercer le retrait litigieux! ce serait absurde. Il y a autant de retraits que de créances vendues. Chacun pourra exercer le retrait. Vous ne pourrez pas venir dire : j'ai acheté trois créances; deux débiteurs ne se plaignent pas; un seul se plaint. Je vais étouffer la plainte de celui-ci par le silence des deux autres. Une pareille disposition ne pouvait pas entrer dans la loi, elle n'y est pas. Ainsi, l'exception qui doit combattre le principe général ne se rencontrant pas, le principe général subsiste.

Les commentateurs, disait-on, ont adopté cette opinion. Mon adversaire, dans sa plaidoirie, a montré une consultation signée de M° Dupin, et a invoqué l'opinion de MM. Duvergier et Troplong. Si on avait lu l'opinion de ces deux commentateurs, on n'oserait pas affirmer ce que l'on a affirmé. Dans le passage même cité de ces auteurs, on trouve absolument le contraire. Je ne veux pas lire Duvergier et Troplong. En ceci, comme en beaucoup de choses, Pothier a fait les frais de la rédaction. Je remonte donc immédiatement à la source, et j'invoque l'autorité de Pothier. Si elle est favorable à mes adversaires, je donnerai une arme contre moi. Nous allons voir ce que dit Pothier, dans quelle circonstance il se place, comment il faut interpréter l'opinion de MM. Duvergier et Troplong.

(M° Marie cite Pothier.)

Interprétons seulement ce passage de Pothier, reproduit, accepté dans toute son étendue par MM. Duvergier et Troplong.

Ainsi, disent ces jurisconsultes, il faut distinguer : lorsque, par exemple, dans une acquisition, il se trouve compris un accessoire peu important qui est de nature litigieuse, on ne peut pas venir dire : vous avez acheté un procès; nous allons vous traiter comme un acheteur de procès. Par exemple, j'achète une terre. Cette terre est exploitée par des fermiers, ils n'ont pas tous payé leurs rentes, quelques uns les doivent; il y a une contestation sur le fond du droit. Mais est-ce que j'ai acheté la terre pour la créance ? N'ai-je pas plutôt acheté la créance avec la terre ? La créance n'était-elle pas un accessoire obligé de la terre ? Est-ce que je pouvais posséder la terre sans acheter la ferme? Est-ce que, dès-lors, je n'ai pas dû acheter, en même temps que la terre, tous les accessoires de la terre ? Dans une pareille position, on ne peut venir me dire : vous avez acheté un procès, fait une spéculation odieuse. Non; j'ai voulu acheter une terre. Il s'est trouvé accessoirement, dans un petit coin de mon acquisition, une créance de nature litigieuse; elle est l'objet d'un procès. Je me substitue aux droits du propriétaire pour la terre, et aussi pour les accessoires qui rayonnent autour de cette terre.

Dans une pareille circonstance, je le répète, on serait mal venu à me dire que je suis un acheteur de procès, à invoquer contre moi la disposition sur le retrait. C'est aussi ce qu'a décidé un arrêt de cassation dans des termes assez formels. Voici l'espèce dans laquelle on avait acheté. Il s'agit d'un retrait successoral. Vous savez que les mêmes principes sont applicables.

On avait acheté une succession, et dans cette acquisition étaient compris aussi des biens qui appartenaient à une autre succession. On avait décidé, devant la Cour de Nîmes, en 1827, que les droits se trouvant mélangés, il n'y avait pas possibilité d'exercer le retrait. Voici comment la Cour de cassation, à la date du 3 mai 1830, a ramené la Cour de Nîmes aux véritables principes.

(M° Marie lit l'arrêt de la Cour de Cassation.)

Ainsi, Messieurs, d'une part on est impuissant à vous représenter l'opinion des commentateurs qui auraient déclaré, comme on l'a dit dans la consultation et répété dans la plaidoirie, qu'alors qu'il y avait plusieurs créances cédées, le retrait était impossible. Mais quand la jurisprudence a eu à s'expliquer d'une manière nette et précise sur un cas, je ne dirai pas seulement analogue, mais tout-à-fait identique à celui-ci, elle a déclaré que ce n'était pas là un obstacle au retrait; et en cela elle s'est conformée aux véritables principes ; car, ne l'oubliez pas, la règle c'est le retrait. Les exceptions limitent le principe en tant qu'elles existent comme exceptions. Les art. 1689, 1690, 1691 posent le principe, indiquent les exceptions. En dehors de ces exceptions, le principe prévaut et doit toujours prévaloir. Or, vous ne verrez nulle part, dans aucun des articles cités, l'exception invoquée contre nous. Elle est déraisonnable. D'ailleurs, les commentateurs ne l'accueillent pas, et sur ce point la jurisprudence a consacré un principe contraire à celui que l'on a invoqué. Le principe doit être appliqué surtout à la cause actuelle.

Dans la réalité, qu'était-ce que la créance Seyssel dans l'actif de la Société du bitume de couleur? Était-elle l'accessoire qu'on pouvait, à son gré, ou négliger ou admettre? Pas le moins du monde. Ce qui constituait véritablement l'actif de cette Société, c'était cette créance qu'on avait chiffrée arbitrairement à une somme de 435,000 fr. Et si vous jetez un coup d'œil sur les états de situation qu'on nous a donnés de la part des adversaires, vous verrez qu'en fait ce qui existe dans l'actif de la Compagnie du bitume de couleur, c'est la créance qu'on fixe à 435,000 fr. dans l'état de situation. En dehors il n'y a rien, presque rien, que des débiteurs bons ou mauvais, qui se chiffrent par 22,000 fr.; le surplus, néant. Les brevets d'invention n'ont jamais été exploités. C'est précisément pour cela qu'on a dit aux Actionnaires : « Voilà notre situation. Voulez-vous suivre les chances d'un procès, car le recouvrement de l'actif dépend d'un procès avec la Compagnie Seyssel? Voulez-vous faire les frais de ce nouveau procès? sinon, alors, vendez. » Quoi ! la créance sur Seyssel est tout ce qu'il y a de réel, d'effectif dans la Société. L'actif de la Société du bitume de couleur se compose de la créance sur Seyssel, et l'acheteur de cette créance échappera au retrait! Sur quoi donc a porté la spéculation? Est-ce qu'elle a porté en général sur une liquidation à faire? Est-ce que Jagou aurait acheté la liquidation en dehors de cette créance énorme de 435,000 fr., dont il espérait trouver un bon chiffre, par transaction, si ce n'est par procès? Évidemment, non. Effacez la créance Seyssel de l'actif, il n'y a plus rien, on n'achètera plus rien, il n'y aurait plus de base à spéculation, on ne ferait plus de spéculation. En voulez-vous la preuve flagrante dans les aveux mêmes de nos adversaires? Que vous disent-ils donc? Qu'ils sont ruinés si le retrait est accueilli. Qu'est-ce que cela signifie? Que toutes les espérances étaient dans la créance contre Seyssel, qu'il n'y avait d'actif pour eux que l'actif Seyssel, et, qu'en un mot, lorsqu'ils ont traité, ils l'ont fait en vue de cette créance, par spéculation sur cette créance, achetant un droit litigieux, et ne voulant traiter qu'autant qu'ils étaient les cessionnaires d'un droit litigieux existant contre Seyssel.

Voilà ce qu'il y a de vrai dans la situation de la Société du bitume de couleur, au moment où elle devient la base de la spéculation de M. Jagou. Effacez Seyssel, anéantissez cette créance, il n'y a plus rien. C'est Jagou qui le dit, puisqu'il vient vous dire que si le retrait est admis il est spolié. S'il y a d'autres valeurs importantes, il ne sera pas spolié, ruiné, car il aura ces autres valeurs importantes, et, de plus, les 83,000 fr. qui lui sont offerts par la Société de Seyssel afin d'exercer le retrait.

C'est ici que se présente une objection sur laquelle j'ai à vous dire un mot. On nous dit que le retrait peut être exercé pour se libérer, mais qu'il ne peut l'être pour acquérir. Or, que veut faire la Société Seyssel en exerçant le retrait? se substituer aux droits de la Société du bitume de couleur représentée par Jagou, reprendre tout l'actif de la Société du bitume de couleur. Voilà l'objection. Rassurez-vous, cela n'est jamais entré dans les intentions de la Société Seyssel, cela n'est pas dit par le jugement dont on a interjeté appel. La Société Seyssel n'avait qu'une chose à faire. C'était d'exercer le retrait en ce qui concernait sa créance. Pour exercer le retrait, il fallait qu'elle libérât Jagou de toutes les obligations prises par lui. Dans quels termes les offres réelles ont-elles été faites par la Société Seyssel à Jagou? Il est important de le mettre sous vos yeux, afin de bien

lixer le débat sur ce point. On offre la somme de 83,000 fr., etc.... en outre
1,500 fr. pour acquitter toutes obligations.

Ainsi la Société se renferme dans les limites exactes de son droit. Son droit,
à elle, c'est d'exercer le retrait en ce qui touche sa créance, mais seulement en
ce qui touche cette créance. Son obligation, à elle, c'est de mettre Jagou à l'abri
de toutes les obligations qu'il aurait contractées à l'égard de la société du bitume
de couleur. Qu'offre-t-elle? 83,000 fr., le prix de la cession. Y a-t-il des charges
en dehors de ces 83,000 fr.? Elle les assume sur elle. Afin de les assumer, elle
offre 1,500 fr., sauf à parfaire. Si ces charges vont à 10, 15 ou 20,000 fr., nous
offrons de payer ces 10, 15 ou 20,000 fr., de vous désintéresser enfin. Quant à
l'actif de la société du bitume de couleur, est-ce que nous le réclamons? Pas le
moins du monde. Si vous avez en outre 27,000 fr. de bons débiteurs, ils resteront
entre vos mains. J'exerce mon retrait uniquement dans mon intérêt personnel, je
ne veux donc pas acquérir, je veux simplement me libérer. La position de Jagou
dans ces termes est donc très-bonne. Il allègue qu'à côté de la créance sur Seyssel,
il y avait d'autres valeurs actives très-importantes. Il les gardera, nous n'y prétendons en aucune façon. Il aura les 83,000 fr., en outre il n'aura rien à payer;
nous offrons de tout payer. Et cependant, en dehors de ces 83,000 fr., il recevra
encore toutes les valeurs actives de la Société du bitume de couleur; s'il y en a.
Pourquoi résiste-t-il donc? Parce qu'il sait très-bien qu'il n'y a dans cette Société qu'une seule créance active, celle contre Seyssel; qu'il reconnaît que lorsqu'il
a acheté, il a acheté la seule valeur active, la créance Seyssel, sur laquelle il y
avait contestation, qu'il reconnaît bien qu'il a acheté un droit litigieux.

J'ai donc établi par les faits, d'une part, que bien qu'on ait vendu plusieurs
créances, il n'y en a qu'une en réalité qui ait fait la base de la spéculation, et,
d'autre part, qu'il n'est pas vrai de dire que la Société Seyssel cherche non-seulement à se libérer, mais à s'enrichir, et ne retient pour elle, dans tout ceci, que
la créance litigieuse cédée à Jagou. Quant à toutes les autres valeurs actives qui
appartiendraient à Jagou, par suite de la cession, elle n'a rien à y prétendre, elle
n'y prétend rien. Quant aux intérêts et aux valeurs lui appartenant, nous les lui
laisserons, nous ne reprendrons que les valeurs sur nous; les valeurs qui nous
sont étrangères resteront entre les mains de Jagou; en sorte que s'il peut encore
réaliser une somme de 100,000 fr., il la réalisera; nous n'y prétendons rien. Il
aura nos 83,000 fr.; mais, pour nos 83,000 fr., nous demandons à être libérés.
Nous n'exercerons pas d'autre droit. Nous cherchons donc, non à acquérir, mais à
nous libérer.

Est-ce que, comme on l'a dit, le Tribunal nous a accordé autre chose? Voici,
Messieurs, la partie du jugement qui prononce sur ce point: « Déclare, en conséquence, la Société Seyssel libérée envers Jagou *du droit litigieux* résultant du
transport... Déclare que, conformément à ses offres, la Compagnie Seyssel de-
meurera subrogée dans tous les droits de Jagou *contre elle*, etc. »

J'avoue que je ne vois rien dans ce jugement qui puisse prêter à l'équivoque
dont nos adversaires se sont emparés, afin de confondre ce qui ne pouvait être
confondu dans les offres que nous avons faites et dans le jugement rendu.

Ainsi, le jugement dit ce que nous avons dit nous-mêmes dans les offres, c'est-
à-dire que nous serons subrogés dans tous les droits de Jagou contre nous, seulement contre nous; c'est-à-dire que Jagou devra nous remettre toutes les pièces

relatives à quoi? aux autres créances de la Société du bitume de couleur qui nous sont étrangères? Pas le moins du monde; mais les pièces relatives à la créance Seyssel, aux droits cédés à Jagou contre la Compagnie Seyssel. Nous n'avons demandé que cela. S'il y avait équivoque dans le jugement, je suis autorisé à déclarer à la Cour que si l'on veut corriger l'expression qui peut paraître équivoque, nous ne nous y opposons pas.

Quelles sont les obligations que l'on nous impose? On ne distingue pas. Ainsi, nous paierons, non-seulement les 83,000 fr., mais toutes les obligations qui sont imposées par la Société du bitume de couleur à Jagou. Pas de distinction dans les obligations. Seulement, nous ne pouvons prendre que notre chose; mais pour prendre notre chose, et afin que Jagou ne vienne pas dire : il faudrait faire une ventilation entre les charges et les valeurs actives, nous ne ferons pas de distinction. Tandis que, d'un côté, nous ne reprenons que nos valeurs à nous, s'il en reste d'autres, nous prenons toutes les obligations indistinctement, sans ventilation aucune, sans imputer aux autres valeurs ce qui devrait leur être imputé valablement. Toutes les obligations pèsent sur nous. Vous ne pouvez être recherché par personne. Voilà nos offres, voilà le jugement; en définitive, nous ne reprenons en échange de toutes ces obligations, que les seules valeurs qui nous appartiennent, à savoir la créance contre la Société Seyssel.

Soit que l'on consulte les principes, les commentaires, la jurisprudence, les faits, il est donc impossible d'apercevoir là une cession comprenant plusieurs valeurs qu'il soit possible de diviser; le retrait peut être parfaitement exercé, puisque nous assumons sur nous toutes les obligations imposées au créancier.

J'arrive à la troisième exception, la question de copropriété. Quel est d'abord le sens légal, l'esprit de cette exception de copropriété devant empêcher le retrait? Je comprends que, quand une chose est indivise entre plusieurs, que cette chose indivise est partageable ou impartageable, avec plus ou moins de facilité, que l'on doit arriver à une licitation, ou bien quand déjà il y a un procès engagé par tous les copropriétaires de cette chose indivisible, à l'occasion de la créance cédée; je comprends très-bien que l'on vienne dire, la loi à la main, invoquant son esprit aussi bien que sa lettre : voici un procès engagé; la contestation existait sur le fond du droit; j'étais déjà dans le procès; j'y ai figuré comme propriétaire; je n'achète pas une créance afin de vous faire ou de suivre contre vous un procès; j'achète une créance dont je suis copropriétaire; je vais continuer à plaider contre vous; j'avais déjà commencé avant que je n'achetasse le procès. Je conçois que dans ce cas, la copropriété puisse créer une exception écrite, du reste, très-formellement dans l'art. 2700. Pourquoi? Parce que dans tout ceci on n'aperçoit pas ce qui a été la base du procès, soit dans la législation romaine, soit dans la législation ancienne, soit dans la législation actuelle. On n'aperçoit pas ici les traces d'une spéculation qui aurait été faite par des tiers étrangers, précisément afin de s'emparer ou de la personne ou de la fortune du débiteur cédé. Mais si, au contraire, on voit un homme intervenant personnellement dans un procès, où personnellement il est resté constamment étranger; s'il y intervient, non pour soutenir un droit qu'il a déjà soutenu, non dans son intérêt personnel, non pour continuer un procès qu'il a déjà commencé dans son intérêt personnel, mais s'il y intervient dans un but de spéculation et uniquement dans ce but; si toutes les circonstances de fait viennent faire surgir en réalité cette spéculation comme étant la cause principale, unique de la cession qui s'est opérée; je dis que, dans ce cas, quand bien même il y aurait une copropriété, on ne pourrait pas apercevoir là d'application de l'exception introduite par l'esprit et par le texte de la loi.

Or, si je ne me trompe, on n'aperçoit pas Jagou même dans les préliminaires du procès; il est intenté par la Société du bitume de couleur contre la Société Seyssel; il existe et continue d'exister entre les deux Sociétés. Et puis, lorsqu'une des Sociétés est en liquidation, et qu'elle a à continuer son procès contre l'autre Société, c'est alors que Jagou, qui en était le liquidateur, abandonne cette qualité, se fait étranger à la Société (car, comme liquidateur, il ne pouvait traiter avec elle; représentant, ainsi que je le disais tout-à-l'heure, de la Société, il ne pouvait acheter la chose sociale); et c'est alors qu'il est devenu étranger à la liquidation, qu'il peut traiter avec la Société en liquidation, c'est alors qu'il fait nommer un tiers complaisant, lequel va prendre momentanément la position de liquidateur, dans le seul but de consentir à Jagou une cession qui n'est en réalité autre chose qu'une spéculation faite par ledit Jagou à la fois contre la Société du bitume de couleur, et contre la Société Seyssel. Quand on aperçoit les faits se formulant ainsi, est-ce qu'on peut voir, dans M. Jagou, un copropriétaire venant acheter une chose qui lui appartient en partie, cherchant à concentrer le tout dans ses mains, et se bornant à continuer un procès commencé? Evidemment non. C'est un homme qui va acheter le procès, qui l'achète en vue d'une spéculation, qui, pour l'acheter, se rend étranger même à la Société de laquelle il était hier liquidateur; ce n'est qu'en abdiquant sa qualité de représentant de la Société et les droits que, comme représentant de la Société, il pouvait exercer, ce n'est qu'en devenant étranger à la Société qu'il achète cette créance. Rien que le fait suffit pour protester déjà avec énergie contre les prétentions de Jagou.

Mais je ne veux pas pour cela éviter l'objection. On invoque le principe de la Société, et l'on me dit que, par suite du principe, Jagou serait un véritable copropriétaire, et qu'en conséquence, il se placerait, à ce titre, dans la disposition exceptionnelle de l'article 1600.

Voyons; la Société doit être considérée à deux époques : nous sommes d'accord sur ce point. Avant la dissolution de la Société, il est évident pour tout le monde que la Société est représentée par une personne morale, civile, qu'il n'y a pas de copropriété pour aucun des associés, que la propriété reste entière entre les mains du gérant de la Société ou des associés collectifs qui l'exploitent. Sur ce point nous sommes d'accord. Tant que dure la Société, il n'y a pas de copropriété; tant qu'a duré la Société du bitume de couleur, Jagou ne pouvait se faire considérer comme copropriétaire; mais après la dissolution, la Société disparaît, dit-on, et alors commence à exister non plus une Société, mais une communauté de biens entre les associés. La qualité d'associé s'efface pour faire place à une autre qualité, celle de communiste. En effet, ajoute-t-on, quand il s'agit d'une Société en liquidation, l'on applique toutes les règles du partage. Il s'agit là véritablement d'associés, qui cessent d'être associés pour devenir communistes, et ils doivent partager la chose dont ils sont copropriétaires d'après les règles du partage en matière de successions. Il y aurait là une assimilation à l'hérédité.

Je dis que cette théorie tout-à-fait arbitraire est combattue par le droit ancien et moderne, par l'usage, et aussi par les autorités les plus graves.

Je dis d'abord par le droit ancien, parce qu'en effet, comme vous le pensez bien, ces principes sur les Sociétés ne peuvent pas être des principes modernes. Les Sociétés existent de tout temps; de tout temps elles ont été exploitées; de tout temps il a fallu poser des règles et distinguer surtout entre une Société en cours d'exploitation, et une Société arrivée au moment de sa dissolution. Non-seulement il faudra faire cette distinction que nous allons retrouver dans le droit ancien, mais il en est un autre que je devrais recommander à votre attention, celle-ci est plus moderne; c'est la distinction entre la Société commanditaire et la Société ordinaire.

La Société commanditaire ne remonte pas à des époques assez éloignées, pour que l'on puisse demander à la législation ancienne quelle était, sur ce point, l'opinion des jurisconsultes qui, dans le droit, ont toujours une grande autorité. A l'égard de la Société, il en est autrement. J'ai donc interrogé sur ce point la législation romaine, et là j'ai retrouvé la distinction entre la Société en cours d'activité, et la Société arrivée au moment de sa liquidation. Quand il s'agit, par exemple, de régler des rapports qui existent entre les associés, ou bien entre les associés et les tiers, après la dissolution de la Société, il y a des actions qui s'intentent; et vous savez avec quel soin les jurisconsultes romains, le Droit romain en général, distinguent la nature d'action d'après la nature du droit d'où naissent ces actions. On ne confondait jamais. Il y avait une action pour chaque nature de droit, et sur ce point le Droit romain allait jusqu'à la minutie; on restait logiquement, philosophiquement dans les principes.

Or, lorsque la Société était en dissolution, et qu'il s'agissait d'intenter une action naissant des rapports qui avaient existé pendant la dissolution, pendant la liquidation, quelle était l'action intentée ? était-ce une action en partage? Non, l'action était encore considérée comme action sociale. Pourquoi ? parce qu'aux yeux du jurisconsulte romain, la Société qui avait existé pour agir existait encore pour liquider. Si l'action avait disparu, la personne civile restait debout jusqu'au moment où l'on arrivait à une masse partageable résultant de la liquidation. Aussi était-ce par l'action *pro socio* qu'on venait exercer devant le magistrat les droits naissant des rapports des associés entre eux ou des rapports des associés avec les tiers pendant la liquidation.

Ceci est positivement dit dans la loi première, *communi dividundo*. Mais voici quelque chose de plus précis; la dissolution étant prononcée, la liquidation étant opérée, il reste là debout une masse partageable. C'est alors sur cette masse partageable, quand les associés ont réglé tous les rapports des associés entre eux et des associés avec les tiers, seulement alors que l'on disait : Voilà un actif qui ne doit plus rien à personne, qui ne peut plus appartenir qu'à une seule classe d'individus, c'est-à-dire aux associés. Il n'y a donc plus ici une Société véritable, il n'y a plus de personne civile; il n'y a qu'une masse qui doit tomber entre les mains des personnes qui ont figuré dans la Société; il y a communauté. Dès lors, l'action qui sera intentée par l'associé contre l'associé, ne sera plus une action *pro socio* : ce sera une action en partage, *communi dividundo* : c'est ce que dit Ulpien.

Enfin, lorsque nous remontons à la législation romaine, là aussi où l'on s'entendait aux fictions, où l'on avait inventé la fiction nécessaire, équivalant à une réalité d'une personne civile entre les mains de laquelle repose l'actif de la Société pendant qu'elle existe, et après sa dissolution tant qu'elle n'est pas liquidée, on distinguait : antérieurement à la Société, personne civile; après la dissolution, personne civile encore tant que durait la liquidation. La liquidation une fois faite, tous les intérêts une fois dégagés, alors il y avait une masse partageable qui restait là ; et comme cette masse partageable ne devait plus rien à personne, comme un associé n'avait plus rien à réclamer que son droit de communiste, alors une communauté existait. Comme le droit changeait de nature, les actions changeaient de nature : l'action était sociale lorsque le droit était social ; elle était en partage lorsque le droit avait cessé d'être social, qu'il ne s'agissait que d'une communauté dont il fallait partager la masse.

Voilà comment on entendait, sous la législation romaine, la situation d'une Société, même après sa dissolution, et tant que durait sa liquidation.

La raison était, au reste, à côté du droit formulé par les jurisconsultes Paul et Ulpien. On ne peut comprendre, en effet, une communauté existant, tant que la liquidation n'a pas été faite, tant que les intérêts sociaux ou l'actif social se trouvent mélangés de droits sociaux étrangers, soit partant de la personne même des associés, soit partant de la personne des tiers qui ont traité avec la Société. On ne peut comprendre une communauté qui existera, dans laquelle cependant chacun des communistes aurait pour sa part à faire une liquidation spéciale dans la mesure de son intérêt, dans la limite de son intérêt, avec les tiers ou avec les coassociés. C'est le chaos. Il faut nécessairement, avant tout, que la Société disparaisse ; or, elle ne peut disparaître tant qu'elle n'a pas été liquidée. Elle a une existence fatalement nécessaire, tant que ses rapports avec les tiers ou avec la Société n'ont pas été réglés d'une manière définitive, absolue. Alors il y a des intérêts à régler, des débats, des actions à intenter. Il est impossible que chacun des communistes puisse intenter ces actions, ou qu'on les intente en son nom. Dans une pareille position, il est impossible de ne pas dire que la Société continue d'exister dans sa personne civile et morale qui sera représentée par le liquidateur comme elle l'a été auparavant par le gérant. En définitive, il y a dans cette seconde époque un *jus ad rem* ; mais le *jus in re* ne peut exister par suite du mélange qui le sature, le mélange des intérêts sociaux. Cela implique nécessairement qu'il n'y a pas encore une Société qui a disparu pour faire place à une simple communauté.

Dans le droit nouveau, on veut faire une distinction entre la Société avant sa dissolution, et la Société avant sa liquidation. Je me demande d'abord sur quoi l'on s'autorise : j'ai déjà le droit ancien pour moi. Sur quoi vous autorisez-vous dans le droit moderne pour faire cette distinction, pour détruire la personne morale ? Après la dissolution de la Société, il y aura, au contraire, nécessité que cette personne morale agisse, et on veut la tuer. C'est impossible ! Au moment où on veut la tuer, elle revit pour agir dans la Société, pour régler les intérêts de la Société dans la personne du liquidateur, avec autant d'énergie qu'elle existait dans la personne du gérant.

Et, en effet, voyez ce qui se passe lorsque, par exemple, une Société a été dissoute. Oh ! les négociants ne s'y trompent pas ; ils savent bien qu'il faut liquider ; et, dans l'usage, toutes circulaires du commerce (j'en parle parce que cela fait le texte d'un argument de la part des commentateurs) ne manquent jamais, et avec raison, de dire que la Société ne subsiste plus que pour la liquidation ; tant que la liquidation n'est pas terminée, la Société est donc, à leurs yeux, encore debout.

Vous allez voir, en examinant tous les faits qui vont se passer, que cette Société est en effet toujours debout. Ainsi le liquidateur agit ; comment ? Est-ce au nom des communistes ? Oui, s'il y a communauté. Mais il n'en est pas ainsi ; il n'agit pas ici au nom des communistes ; il agit en son nom comme agissait le gérant, au nom de la personne morale de la Société tout entière. Bien plus, est-ce qu'il va agir, par exemple, seulement contre les tiers ? Non, il agira même contre les associés en raison des rapports, des intérêts que les associés pourront avoir avec la Société. Comment ! il est le mandataire d'une communauté, et il va agir non-seulement en son nom, dans l'intérêt des communistes, mais contre les communistes eux-mêmes !

On conçoit très-bien le liquidateur placé en dehors de tout ceci, agissant en son nom, ayant un caractère moral, civil, qui résume en lui une personne distincte, les intérêts isolés de chacun des associés ; et alors agissant tout à la fois, toujours dans l'intérêt de la Société, soit contre les tiers, soit contre les associés eux-mêmes ; mais on ne le conçoit plus agissant contre les mandataires.

Allons plus loin. Si, par hasard, la communauté a surgi d'une Société dissoute, les communistes vont avoir les droits qui doivent appartenir à tout communiste, de vendre, de payer, de recevoir ? Or, ils ne les ont pas. Si l'un des communistes prétendus recevait, par exemple, d'un tiers la dette qui appartient à la Société, la personne civile et morale de la Société ayant seule le droit de donner quittance, à l'instant on attaquerait le paiement comme induement fait. Il faudrait payer une seconde fois entre les mains du liquidateur.

On a cherché des assimilations entre l'hérédité et la Société, alors que la Société est dissoute et qu'elle est en liquidation ; on a dit : Aussitôt le partage a lieu. Ces généralités sont bonnes comme généralités ; aussitôt qu'on les presse, qu'on examine ce que vaut l'assimilation, on y aperçoit non plus une analogie, mais des distinctions tellement profondes, évidentes, que l'on conclut à l'instant que l'assimilation est arbitraire, sans portée, sans valeur, qu'il faut la rejeter.

Comment ! vous êtes tous communistes ; mais s'il y a parmi vous des mineurs, on va donc apparemment apposer les scellés ? Non.

D'un autre côté, s'il y a des mineurs, lorsqu'on devra partager, il faudra donc que le partage ait lieu judiciairement ? Eh bien ! encore non !

Autre hypothèse. Si le liquidateur vend la chose sociale, un immeuble social, est-ce que par hasard on devra, comme en communauté, purger sur chacun des associés ? Je prends MM. Troplong et Vincens ; vous verrez qu'il n'y a pas de purge nécessaire en pareille matière.

Allons plus loin. Voici un fait qui se passe très-souvent en matière de Société : la Société est dissoute, mise en liquidation ; mais pour que la liquidation soit plus favorable, le liquidateur a, par exemple, le droit de continuer, dans de certaines limites, l'exploitation, et aussi dans de certaines limites de contracter des dettes.

Si le liquidateur est le mandataire des communistes, d'une communauté existante, dès à présent déclarée, chacun des communistes, même les commanditaires, seront engagés à payer les dettes nouvelles faites afin de continuer dans l'intérêt de l'exploitation. Cela se pratique tous les jours. On déclare que les opérations seront continuées dans une certaine limite seulement. En effet, il faut régler, acquitter les dettes. Quelle est donc l'action dans de pareilles circonstances ? Une action contre le liquidateur, non pas seulement en son nom de liquidateur, mais comme personnellement engagé. Et vos arrêts ont déclaré qu'en effet le liquidateur qui continuait les opérations de la Société, ne restait pas dans son rôle de simple liquidateur; qu'il était le gérant de la Société; que, par conséquent, il devait payer personnellement les dettes contractées; qu'il ne devait pas être affranchi. C'est parce qu'on a très-bien compris que pendant la liquidation, et tant qu'elle durait, la personne civile, la personne morale persistait; que la communauté n'était pas déclarée; qu'elle ne se déclarait que plus tard, alors que la liquidation n'étant pas achevée, il n'y avait plus qu'une masse partageable, qui, à titre de communauté, appartiendrait à tous les associés.

Dans la consultation que nous avons eu l'honneur de déposer entre vos mains, de M. Pardessus, il résume si bien tous les principes, que nous vous demandons la permission d'en lire un passage.

« Dira-t-on que cela peut être vrai pour les Sociétés tant qu'elles subsistent, mais qu'on ne doit pas l'appliquer aux Sociétés dissoutes et en liquidation?

« Ce serait une grave erreur, car une Société en liquidation subsiste toujours, non sans doute pour continuer d'agir, mais pour être liquidée par ses liquidateurs, comme avant sa dissolution elle était administrée par ses administrateurs. Cela est si vrai, que tout créancier de la Société, même dans les collectives, et à plus forte raison dans les commandites, doit agir contre les liquidateurs; que si ceux-ci ne paient pas, le créancier peut faire *déclarer la Société en faillite*, nonobstant son état de liquidation. Cela est si vrai qu'un débiteur de la Société ne se libérerait pas valablement en payant à un des ci-devant associés, quand même l'intérêt social de celui-ci excéderait le montant de la dette.

« La Banque de France est certainement la plus grande des Sociétés commerciales qui existent; elle peut finir, elle peut tomber en liquidation à une époque quelconque. Or, à cette époque, oserait-on prétendre que chacun des cent mille Actionnaires et plus, qui la composent, a un cent millième dans chacune des créances de la Banque? La saine raison répond à une aussi bizarre prétention : la saine raison nous apprend que chacun des Actionnaires a un droit proportionnel à son intérêt, dans l'espèce, dans le reliquat de la liquidation; mais que les dettes contractées envers la Banque sont des créances de cet établissement, de cet être moral; que ces dettes sont dues à la liquidation représentant cet être moral, et non à chacun des Actionnaires au *prorata* de son intérêt social. »

Voilà un principe fort important. La Société continue si bien quand elle se liquide, et la personne civile de la Société continue si bien d'exister, que si la liquidation ne paie pas ses dettes, on met en faillite non pas la communauté des associés, mais on met en faillite la personne civile. Comment mettre la personne civile en faillite si elle n'existe plus? Comment ne pas mettre les communistes en faillite si la personne des communistes a remplacé l'ancienne personne civile? Il est évident que la personne civile existe pour la mise en faillite. L'auteur de la citation cite ensuite une espèce, celle de la Banque de France; et il dit qu'en cas de liquidation de cette banque, il serait impossible de considérer chacun des Actionnaires comme communistes.

Dans la plaidoirie on a attaqué la consultation de M. Pardessus, sous le prétexte que les faits auraient été mal posés, et qu'on lui aurait pour ainsi dire fait croire qu'il s'agissait d'une Société par actions au porteur, au lieu d'une Société nominative. Et mon adversaire en aurait tiré les conséquences que s'il en eût été autrement, l'opinion de M. Pardessus aurait sans doute varié. Nous avons jugé utile d'en référer à M. Pardessus pour savoir si vraiment il y avait eu, de sa part, une erreur de fait. Nous avons voulu le mettre à même de s'expliquer sur la prétendue erreur de droit que l'on disait en être résultée.

M. Pardessus a persisté dans son opinion, et même il l'a plus amplement développée.

Ainsi, l'opinion de M. Pardessus est parfaitement conforme aux principes que j'ai eu l'honneur d'exposer devant vous. Je vous demande encore la permission de faire une citation, ce sera la dernière. J'ai voulu dire quelle était l'opinion de M. Troplong sur toutes ces discussions : après la dissolution, y a-t-il communauté ? La Société continue-t-elle toujours d'exister ? Voici, en définitive, comment M. Troplong résume sur ce point toute la doctrine. Vous allez voir dans ce résumé apparaître les principes que j'ai posés devant vous:

(Me Mario lit ce passage.)

Dans un autre numéro il a considéré le liquidateur à l'égard des associés; il le considère maintenant à l'égard des tiers.

La personne sociale se soutient donc jusqu'au partage.

En telle sorte que vous retrouvez, après bien du temps parcouru, en prenant le point de départ de toutes les législations, la législation romaine, et puis le point d'arrivée, comme ayant complété toutes ces législations, la législation française, vous retrouvez cette distinction que j'ai posée au début de la discussion, la continuation de la Société tant que dure la liquidation, et la communauté n'existant que lorsque la liquidation a été achevée. Il résulte de cette liquidation, mais de cette liquidation seule, une fois arrivée, une masse qui, étant dégagée de tous les intérêts des associés entre eux, de tous les rapports des associés avec les tiers, reste parfaitement libre, qui ne peut reconnaître et ne reconnaît pour principe, pour communiste, que la seule personne des associés.

J'ai raisonné jusqu'à présent dans un sens qui n'est peut-être pas l'espèce de la cause. Tous les principes que je viens d'avoir l'honneur de plaider devant vous, s'appliquent aux Sociétés, même en nom collectif.

Mais, quand bien même pour la Société en nom collectif les principes plaidés ne seraient pas vrais, est-ce qu'ils ne le seraient pas pour la Société commanditaire, non pas comme on la connaissait autrefois, Société sérieuse dans laquelle des sociétaires s'engageaient sérieusement, mais dans la Société commanditaire qui va se fractionnant en mille petites valeurs qu'on appelle des actions ? Est-ce qu'en pareille circonstance les principes que je viens de développer ne sont pas évidents ? Le commanditaire n'est pas associé dans sa personne. Il apporte un capital, le capital vient s'associer avec l'associé en nom collectif. Or, quel est son droit dans la Société ? C'est un droit à un bénéfice, un droit après la liquidation de la Société, un droit à la masse partageable. Tant qu'il n'y a pas une masse partageable donnant un résultat, le commanditaire n'est rien, n'a rien à demander ; il ne peut avoir qu'un droit éventuel; et même dans ces derniers temps M. Vincens, qui a écrit un ouvrage remarquable sur le Code de commerce, va jusqu'à dire que le commanditaire serait plutôt un prêteur d'argent qu'un associé. Il peut se tromper, en ce que le Code du commerce appelle le commanditaire un associé; mais toujours est-il qu'il est resté une différence très-essentielle, très-profonde, entre le commanditaire et le collectif.

Ainsi le commanditaire aujourd'hui, comme à l'origine de la commandite, donne son capital et non sa personne, il reste étranger au passif de la Société. Comment donc le commanditaire peut-il être communiste alors que la Société est en liquidation ? avant qu'elle ait été liquidée ? Communiste ? de quoi ? il sera donc communiste de dettes aussi bien que de l'actif, tant que l'actif et le passif resteront mélangés. Qu'on y songe, il faudra bien qu'il en soit ainsi. Il faudra bien qu'il soit communiste dans l'actif comme dans le passif, dans tous les deux ou dans aucun. Or, jamais a-t-on imaginé de dire que tant que durait le Société, pour se liquider, l'associé commanditaire eût quelque chose à voir dans les dettes de la Société ? Il ne peut rien y voir, rien y contrôler, rien y faire. Si, par hasard, la liquidation continue les opérations, il ne pourra pas l'empêcher. Il n'est responsable d'aucune des dettes de la Société en nom collectif.

Voilà pour la commandite. Il n'y a pour le commanditaire qu'un droit, le droit sur les produits.

Mais pourquoi ai-je donc tant discuté, tant disserté sur les principes ? N'ai-je donc pas dans le titre même de nos adversaires la solution définitive et l'application de tous les principes que je viens de plaider ? Quels sont les droits des actions ? Elles ont droit aux bénéfices et à une part aussi proportionnelle ; dans quoi ? Dans *le résultat de la liquidation de la Société*, et toutes les actions elles-mêmes portent cette mention.

Ainsi donc, les actionnaires commanditaires et les commanditaires, encore une fois, ne peuvent avoir d'autres droits ; ils n'ont un droit que lorsque la liquidation de la Société est faite. S'il reste quelque chose, ils ont quelque chose ; s'il ne reste rien, ils n'ont rien. Ce n'est que sur le reliquat social que les commanditaires peuvent venir dire : Donnez-moi ma part de ce reliquat. En sorte que, lorsque M. Pardessus émettait ce principe : Les commanditaires n'ont droit que dans ce cas ; il pouvait ajouter, et ajoutait en effet dans sa consultation cette considération de fait qui vient sanctionner le principe de droit : que, dans l'espèce, les commanditaires n'ont qu'un droit, non pas dans la chose à liquider, mais dans le résultat.

Ainsi donc, liquidez, et lorsque la liquidation aura un résultat, le commanditaire pourra venir demander sa part dans ce résultat ; alors, il sera communiste pour ce résultat ; il pourra demander le partage pour ce résultat ; alors seulement il pourra introduire l'action *communi dividundo*.

Tous les principes concordent donc ici avec les faits. Il est évident que tous les Actionnaires, et Jagou n'est qu'un Actionnaire, avaient un droit au résultat de la liquidation ; en conséquence, ils n'avaient pas de droit à la communauté tant que la liquidation n'était pas faite.

D'après les principes comme d'après les faits, comme d'après les usages constants, il est donc impossible d'apercevoir la communauté dont la loi parle, pour fonder l'exception que l'on invoque.

M. LE PRÉSIDENT. — Passez aux oppositions.

Mᵉ MARIE. — Je voulais dire un mot sur la question des créances. On nous disait : mais Jagou aurait été du moins créancier. Eh bien ! dans ce cas, y aurait-il lieu d'appliquer une partie de l'article 1701 ? Cet article ne s'applique nullement à notre espèce. M. Troplong s'explique ainsi :

(Mᵉ Marie cite un passage de M. Troplong.)

Pardessus et les auteurs écrivent dans le même sens, lorsqu'il s'agit d'une créance certaine pour laquelle on demande une valeur d'une Société en liquidation, qui ne pourrait payer en argent. Si vous rapprochez les principes des faits de la cause, vous verrez que Jagou n'était pas créancier de la Société, il avait voulu acheter; par conséquent, l'article n'est pas applicable. Ce moyen n'est pas reproduit dans la dernière note, je crois donc inutile d'insister à cet égard.

Je n'ai plus qu'un mot à dire très-subsidiairement. Nous avions demandé la nullité des oppositions; nous avions formé opposition à l'ordonnance d'exéquatur, et nous disions à nos adversaires : La sentence que vous avez invoquée contre nous ne peut être invoquée, voici pourquoi: Comment a-t-on en effet constitué l'arbitrage? Il a été constitué frauduleusement entre Jagou et Coignet. Il n'y a rien eu de sérieux dans tout ceci, puisque, en définitive, l'arbitrage n'avait pas pour but de discuter les intérêts entre les deux Sociétés, mais d'arriver à faire un petit traité, le traité des 435,000 francs. Vous n'aviez pas d'autre objet que celui-là. Comment ce compromis a-t-il été formé ? En dehors même et nonobstant la procuration donnée. La procuration donnée à Jagou portait cette clause que, tant qu'il serait mandataire, il ne pourrait pas régler les comptes de la Société du bitume de couleur avec la Société Seyssel. Pendant qu'il était mandataire, en violation de cette procuration, on a constitué l'arbitrage dans ce but que vous connaissez. Les parties qui avaient constitué l'arbitrage n'en avaient pas le droit. Le compromis peut donc être considéré comme nul et entaché de fraude.

Subsidiairement, nous disions à nos adversaires : La sentence que vous avez obtenue est une sentence qui, dans tous les cas, n'étant que préparatoire, n'empêcherait pas qu'on fût obligé de venir plaider au fond devant l'arbitre. Au lieu de cela, vous avez cherché à éteindre le procès, non pas que M. Durmont se soit associé à cette misérable comédie; mais parce qu'il n'a voulu rendre qu'une sentence préparatoire, que le lendemain vous avez fait frauduleusement le traité des 435,000 francs dont vous demandez aujourd'hui le paiement à la Société. Ainsi, la sentence arbitrale est le résultat d'un compromis frauduleux fait par des personnes qui n'avaient pas de qualité, en violation d'une procuration donnée qui, précisément, interdisait toute espèce de constitution de ce genre. La sentence arbitrale a été rendue afin d'arriver à donner une sanction au traité des 435,000 francs arrêté le lendemain du jour où a été rendue la sentence de M. Durmont; traité qu'on voudrait associer à cette sentence, afin qu'en rapprochant ces deux actes, on trouve dans l'un une formule exécutoire, dans l'autre une formule sacramentelle.

D'un autre côté nous avons demandé la nullité des oppositions. Voici sur quoi elles étaient basées : sur une permission de juge. Une opposition ne peut se soutenir si, arrivé devant le juge, on ne présente pas un titre en vertu duquel ces oppositions puissent être formées. Ainsi, lorsqu'on se présente devant le tribunal, la permission du juge ne suffit pas; il faut avoir un titre. Or, quel est le titre en vertu duquel est formée votre opposition? En vertu de permission de juge? cela ne suffit pas. En vertu de votre acte sous seing-privé de 435,000 fr., enregistré? Est-ce un titre en vertu duquel on puisse former une saisie-arrêt? Oui, si le titre est valable, s'il n'est pas frauduleux. Mais alors nous avons plaidé devant le Tribunal, comme devant la Cour, toutes les circonstances desquelles il a paru résulter que la convention des 435,000 fr. était une convention frauduleusement faite entre les deux gérants Coignet et Jagou. Si la convention est frauduleuse, si les faits, comme l'a remarqué le Tribunal, constatent la fraude de cette convention, il est évident qu'elle ne peut pas devenir la base d'une saisie-arrêt qui a frappé, en définitive, toutes les valeurs de la Société Seyssel; il y aurait à contester si on était obligé d'en venir au fond, d'établir le compte entre les parties, de voir s'il y a une dette. Jusque là, on ne peut préalablement établir contre la Société du bitume de Seyssel des saisies-arrêts qui ont pour but d'entraver toutes ses valeurs, de l'empêcher de faire honneur à ses engagements. Il n'y avait donc pas de base à ces saisies-arrêts. Du reste, le Tribunal n'a pas décidé sur ce point, puisqu'il a admis le retrait.

M. le Président. — N'avez-vous rien à dire sur l'exécutoire des frais de la sentence arbitrale?

Me Marie. — Non, M. le Président, ce sont toujours les mêmes principes.

RÉQUISITOIRE DE M. NOUGUIER, AVOCAT-GÉNÉRAL.
Audience du 27 Mars.

La Cour a conservé le souvenir du grave débat qui s'est engagé entre M. Jagou et la Compagnie Seyssel. Ce débat a été développé devant elle avec de très-longs détails; et ces détails nous permettront cette fois de résumer d'une manière très-rapide les faits nécessaires à l'intelligence des difficultés, et les difficultés elles-mêmes. Nous le ferons en éloignant de notre examen tout ce qui touche à l'animation dont ont fait preuve les parties. Nous voulons, quant à nous, réduire le fait à ce qui est nécessaire à son intelligence judiciaire, et les questions aux pures questions de droit que le procès présente à juger.

La Cour sait qu'en 1837 une Compagnie s'est formée sous le nom de Compagnie Seyssel; elle sait quel était son double objet, l'extraction de l'asphalte et son application. La création de cette Société fut suivie, à une année d'intervalle à peu près, de celle d'une Compagnie rivale, formée par acte authentique à la date du mois de mars 1838. Cette Compagnie avait pour objet le bitume de couleur. C'était un mélange ayant pour but de créer, à l'aide d'une combinaison chimique, un asphalte particulier dont le mérite devait consister, comme pour celui de la Société Seyssel, dans l'application qui devait en être faite dans les rues, les boulevarts et les places.

Ce bitume de couleur marcha quelque temps parallèlement avec le bitume de Seyssel. Après une année, les deux Compagnies se rapprochèrent. La Compagnie de Seyssel se mit en rapport avec celle du bitume de couleur, et un traité, à la date du 4 mai 1839, intervint entre les deux Compagnies. Nous n'avons pas à en faire connaître les clauses et les détails; il suffit d'en résumer les dispositions indispensables. La Cour sait que, moyennant une somme de 400,000 fr. qui devait être payée à certaines époques, la Compagnie de Seyssel vendait à la Compagnie du bitume de couleur une partie extraite de l'asphalte, une certaine quantité qui devait être livrée annuellement, et le droit d'application qu'avait la Compagnie Seyssel.

Ce traité fut suivi de ses réalisations; et au nombre de ces réalisations arrivait une question fort importante, celle du paiement du prix. A cet égard, la Cour se souvient des explications contradictoires des parties. Le prix a-t-il été payé? Comment l'a-t-il été? C'est là une question qui a été longuement débattue. Dans l'intérêt de la Compagnie du bitume de couleur, ou plutôt de M. Jagou qui ne

sohnihe, cette Société, on a soutenu que ce prix avait été payé loyalement, sérieusement, en deniers, et que par conséquent, à cet égard, aucun reproche ne
pouvait être adressé à Jagou. Dans l'intérêt de la Compagnie Seyssel, au contraire, on a fait connaître les moyens à l'aide desquels, marchant de surprises en
surprises, et sous l'apparence d'un paiement, la Compagnie Seyssel aurait reçu
des valeurs qui n'étaient pas les valeurs écus stipulées au traité. Dans tous les
cas, comme la Cour le sait, ce n'est pas là une des difficultés du procès. C'est
une de ces questions qui peuvent avoir une certaine importance, au point de vue
des intérêts moraux représentés par chacune des parties ; mais quant au retrait
litigieux, la manière dont le prix a été payé importe peu.

Le traité ne fut pas d'une longue durée ; la Cour le sait : à la date du 4 août
1840 il fut résilié. Les parties avaient cherché à se rapprocher pour convenir des
termes de cette résiliation. On a entretenu encore la Cour des divers détails, entre
lesquels les parties avaient hésité, pour chercher une manière de rompre le traité
primitif. Dans tous les cas, nous ne voulons nous souvenir que de ce qui s'est
transformé en acte, c'est-à-dire de ce qui est advenu à la date du 4 août 1840.
La Compagnie Seyssel déclare, par ce traité fait entre elle et la Compagnie du bitume de couleur, qu'elle reprend ce qu'elle a vendu ; que, par suite, un compte est
à faire entre ces deux Compagnies ; que le compte peut donner matière à des difficultés, et que si ces difficultés s'élèvent, elles seront soumises à Me Durmont,
agréé près le Tribunal de commerce, qui jugera, comme seul arbitre, et souverainement, les difficultés que la résiliation du traité pourra amener entre les ayant-
droit.

Ce traité définitif, cet acte de résiliation, fut fait en présence du Comité de surveillance de la Compagnie de Seyssel, qui avait assisté au premier traité, au traité
de vente. Les difficultés qui avaient été prévues par l'acte du 4 août 1840, s'élè-
vèrent en effet, et alors commença pour les parties l'obligation de constituer le
Tribunal arbitral. Ce Tribunal, comme le sait la Cour, résidait en une seule
personne, Me Durmont.

En date du 11 avril 1842, la sentence de Me Durmont fut rendue. A celle du 14
avril 1842, elle fut déposée, c'est-à-dire dans les trois jours qui avaient suivi sa
prononciation. Cette sentence, il faut bien le reconnaître, et le dire hautement,
sans craindre que nos paroles, mal interprétées, puissent blesser un officier mi-
nistériel, honorable à tous les titres, a, en elle-même, quelque chose d'insolite.
Les parties étaient en désaccord sur une première question, celle de savoir
si la Compagnie de Seyssel était ou non débitrice ; elles étaient en désaccord sur le montant de la dette dans le cas où elle existerait ; elles étaient en
désaccord sur les délais qui devaient être accordés à la Compagnie de Seyssel
pour le paiement de la dette qui serait mise à sa charge par la sentence arbitrale. Il paraît, et tout le monde comprendra que l'arbitre, s'il n'était pas en situation de juger la question de dette, s'il était obligé d'ordonner un avant-faire
droit pour apprécier la comptabilité respective des deux parties, que l'arbitre,
lui, prononçera cet avant-faire droit et y subordonnera l'examen des autres
difficultés, il n'en est rien, et contrairement aux usages généralement suivis, à ce
qui évidemment est non-seulement d'usage, de règle, mais de bon sens, l'arbitre,
sur les trois questions, en juge deux. Il juge qu'une dette existe au profit de la
Compagnie du bitume de couleur contre la Compagnie Seyssel, il juge la ques-

tion des délais; il fractionne les échéances du capital inconnu; il donne un délai de dix ans; il dit quelle sera l'importance proportionnelle des paiements faits annuellement par la Compagnie Seyssel; et la question qui était la seule décisive, celle sans laquelle il était impossible de procéder au jugement rationnel des autres questions, celle de savoir à quoi s'élève la dette, l'arbitre reconnaît son insuffisance, son incapacité, et il nomme un expert.

Tel est le résumé de la sentence arbitrale.

Ce n'est pas tout ce qu'il y a d'étrange dans cette sentence; le fait qui va la suivre, à nos yeux, est plus étrange même. La sentence est rendue le 11 avril; elle est déposée le 14; il se trouve que, le jour même du dépôt au greffe du Tribunal, le gérant de la Compagnie Seyssel connaît la sentence, que le gérant de la Compagnie du bitume de couleur la connaît également; que tous les deux se rapprochent, se voient, se concertent, s'entendent, et alors, après un arbitrage qui avait duré pendant un an ou un an et demi, cet arbitrage se trouvant résolu, le jour même, instantanément, la sentence à peine déposée, les deux gérants sont en présence l'un de l'autre; ils lisent la sentence, tombent d'accord, et, le lendemain, ils font un acte par lequel Coignet, au nom de la Compagnie Seyssel, se déclare être débiteur de la somme énorme de 435,000 fr. vis-à-vis de Jagou, représentant la Compagnie du bitume de couleur.

En vérité, nous avons le droit de dire que cet acte est plus étrange encore que la sentence, ou plutôt qu'il participe de ce qu'il y a d'extraordinaire dans la sentence rendue. Comment! on est en procès, en difficulté sur deux points importants, les termes et le capital! Mais tout le monde comprend que pour des termes on n'a guère besoin d'un arbitre. Le point qui peut faire difficulté, c'est le règlement des comptabilités respectives; il peut donner matière à des questions plus ou moins délicates. C'est là le point principal sur lequel il y a évidemment désaccord, mésintelligence, sur lequel l'action judiciaire d'un Tribunal arbitral ou ordinaire sera nécessaire. Eh bien! l'arbitre ne juge rien, littéralement rien; il ne fixe que les délais sur lesquels tout le monde tombe d'accord, une fois que le principal est connu. Et le jour même de cette sentence, ce qui paraissait avoir donné matière à une difficulté énorme entre les parties, se trouve résolu par leur accord commun, et traduit dans le chiffre si considérable de 435,000 francs.

Cependant, cette affaire ainsi réglée, voyons ce qui va suivre, et, arrivant à un ordre d'idées complètement différent, laissons de côté pour un instant la Compagnie de Seyssel, et concentrons-nous dans la Société du bitume de couleur.

La Société du bitume de couleur était arrivée à la constatation de l'impuissance pour elle de marcher sans le concours de la Société de Seyssel. Cette association considérable reposait, il faut le dire, sur une chose complètement chimérique. Avant de colorer le bitume, il faut en avoir, et il est évident que ne pouvant marcher sans le concours de l'asphalte fourni par la Compagnie Seyssel, il n'y avait rien de mieux à faire, pour la Compagnie du bitume de couleur, que de se dissoudre; c'est ce qu'elle fit. A la date du 6 juin 1842, la Compagnie du bitume de couleur se rassembla, conformément à ses statuts, en assemblée générale d'actionnaires. Cette Compagnie est présidée par Jagou, qui est alors son gérant. Jagou propose alors la dissolution à la Société; la dissolution est prononcée; il est nommé liquidateur par l'assemblée générale; de telle sorte que la Société n'existe plus activement; elle n'existe plus qu'à titre de Société en voie de liquidation, et elle n'agit plus que par un liquidateur, M. Jagou. On n'était pas encore arrivé à la solution de la difficulté, c'est-à-dire au règlement des intérêts de la Compagnie du bitume de couleur avec la Compagnie de Seyssel. L'un des premiers actes de M. Jagou est de réunir les Actionnaires; une assemblée générale a lieu à la date du 29 mars 1843, et c'est alors que se passe cette comédie (nous employons cette expression parce que c'est l'expression vraie) dont la Cour connaît les différents actes et la portée, puisque le procès-verbal a été lu d'une manière complète dans l'intérêt de la Compagnie de Seyssel. M. Jagou dit à cette réunion que des difficultés existent avec la Compagnie Seyssel; que ces difficultés ne peuvent se vider sans un procès; il constate même que le procès est engagé, que la poursuite en sera dispendieuse; qu'il est impossible de la suivre sans un appel de fonds; et il fait un appel de fonds à l'assemblée générale des Actionnaires. Là-dessus on prend de l'humeur, et les actionnaires déclarent qu'ils ne donneront pas un centime et qu'ils se refusent à la proposition qui leur est faite. Alors un membre de l'assemblée propose à un des Actionnaires présents de se charger de la liquidation. M. Jagou est mis nominativement en demeure.

Après quelques difficultés puisées dans ce qu'il avait des fonds engagés dans un grand nombre d'entreprises, M. Jagou finit par se décider. Il s'arrête seulement devant une difficulté de forme. Il est liquidateur, et, comme liquidateur, il ne peut pas se vendre à lui-même. Il demande alors à l'assemblée générale d'effacer cette difficulté de situation. A l'instant on propose de nommer un autre liquidateur, et M. Orbau est désigné. Celui-ci accepte, mais en déclarant toujours dans la délibération qu'il n'accepte que pour vendre; qu'il ne veut être liquidateur que vingt-quatre heures; qu'il demande à l'assemblée générale de régler les conditions du traité à faire avec Jagou. L'assemblée accepte la démission de M. Jagou, nomme M. Orbau liquidateur dans les termes imposés par M. Orbau lui-même, et le 29 mars 1843, cette délibération est rendue et signée par les Actionnaires présents. Elle fut suivie, comme Orbau l'avait exigé, d'un traité. Ce traité saisit à forfait M. Jagou de toutes les charges ouvertes, comme de tous les droits actifs de la Société. Et, au nombre de ces droits actifs, figurait la créance de la Compagnie Seyssel, réglée antérieurement au chiffre de 435,000 francs.

Ce fut à cette époque et quelques jours après que commencèrent les nouvelles hostilités. M. Jagou, à la date du 23 avril 1843, assigne la Compagnie Seyssel devant le Tribunal de commerce, il lui demande condamnation, aux termes de l'acte d'accord intervenu entre lui et le gérant de la Compagnie Seyssel. Le Tribunal de commerce nomme un expert. Nous n'avons pas à nous appesantir sur cette procédure. Le 15 mai, la Compagnie Seyssel, qui avait reçu, quelques jours auparavant, l'assignation devant le Tribunal de commerce, était considérablement gênée dans le cours de ses opérations actives. En même temps que Jagou avait assigné devant le Tribunal de commerce, il avait obtenu du Président du Tribunal civil une autorisation, afin de former opposition à toutes les valeurs actives de la Compagnie Seyssel, et des oppositions avaient été formées. Dans l'intérêt de la Compagnie Seyssel, on avait demandé main-levée de ces oppositions. Cette demande avait été portée en référé devant le Président, qui, en accordant l'autorisation de former opposition, avait enjoint aux parties de se représenter devant lui, en cas de difficulté. En référé, la Compagnie Seyssel eut un succès, elle obtint sur sa demande la main-levée de ces oppositions. Mais appel fut interjeté de cette ordonnance, et devant la Cour, on plaida sur le mérite du référé, et il ne fut pas difficile à Jagou de démontrer que le président de première instance avait outrepassé ses pouvoirs; que c'était là juger d'une manière définitive, et non pas rendre un jugement sur une question provisoire. Jagou obtint un arrêt infirmatif, et les oppositions furent maintenues.

C'est alors qu'intervint, à la date du 7 octobre 1843, le procès que la Cour a à juger aujourd'hui. Ce procès avait commencé par une assignation en main-levée d'opposition, qui, cette fois, était portée devant le juge du principal. En même temps on imagina, dans l'intérêt de la Compagnie Seyssel, de se débarrasser de toutes les difficultés qui étaient nées, ou qui menaçaient de naître, en opérant le retrait litigieux.

A la date du 7 octobre 1843, on fit offre à Jagou de la somme totale portée dans l'acte de cession que nous avons résumé tout-à-l'heure. Devant la Cour, Jagou refusa cette offre, et une demande en validité, suivie d'une demande en retrait litigieux, fut portée contre lui. C'est sur cette demande, introduite devant les premiers juges, qu'il a été décidé par un jugement à la date du   décembre 1843. La Cour connaît ce jugement. Malgré les difficultés soulevées par Jagou, ce jugement a déclaré que les conditions exigées par la loi, dans les articles 1699, 1700 et 1701 du Code civil, étaient réunies en faveur de la Compagnie Seyssel, et que c'était par conséquent le cas d'ordonner le retrait litigieux, attendu la suffisance des offres faites par la Compagnie.

C'est de cette sentence qu'appel a été fait par le cessionnaire de la Compagnie du bitume de couleur; et c'est sur cet appel que nous avons à nous expliquer aujourd'hui.

Avant d'arriver à l'examen de l'appel, nous avons à nous prononcer sur une intervention formée à la barre de la Cour. En effet, une nouvelle partie s'est présentée. Ce sont les mineurs de Clonart. Ces Messieurs, en vertu des droits de leur père, qu'ils détiennent aujourd'hui, étaient Actionnaires et porteurs d'actions nominales dans la Société du bitume de couleur. Les mineurs de Clonart viennent dire aujourd'hui qu'ils n'ont pas été représentés dans l'instance en retrait litigieux, et qu'ils ont dès lors le droit d'intervenir à la barre de la Cour. Il faut donc apprécier, et bien rapidement, car la difficulté n'est pas sérieuse, la situation des mineurs de Clonart; voir s'ils ont en effet pour se plaindre un droit individuel qui n'ait pas été représenté par Jagou, dans l'instance jugée en décembre 1843.

M. Jagou a réuni, comme liquidateur, les Actionnaires en assemblée générale; l'assemblée générale a nommé M. Orbau liquidateur, avec mission de céder à Jagou aux conditions énoncées dans cette l'assemblée. L'intention a été accomplie quatre ou cinq jours après; de sorte que c'est en vertu d'un acte accompli par la Société tout entière, légalement convoquée et représentée, que Jagou est devenu cessionnaire de tous les droits appartenant à la Société. On ne s'est pas borné à cela. Jagou et la Société ont parfaitement compris que, comme il y avait des actions nominales et des actions au porteur, il fallait régulariser la situation vis-à-vis des Actionnaires au porteur qui n'avaient pas pu être appelés à l'assemblée générale; et alors, à la date du 23 juin 1843, a été rendue une sentence arbitrale préparée dans les formes de droit, contradictoirement entre les cessionnaires, c'est-à-dire Jagou et les actions au porteur, qui avaient été convoqués dans la forme ordinaire par la publicité, par les insertions; et cette sentence arbitrale a eu pour résultat d'homologuer la délibération de l'assemblée générale qui autorise M. Orbau à la cession, et la cession elle-même.

De deux choses l'une, ou les mineurs de Clonart sont Actionnaires au porteur, ou ils sont Actionnaires nominaux. S'ils sont Actionnaires au porteur, ils sont évidemment liés par la sentence arbitrale qui homologue; s'ils sont Actionnaires nominaux, ils sont liés par l'assemblée générale convoquée conformément aux statuts sociaux, et qui, conformément à ces statuts, a nommé un autre liquidateur et a autorisé la cession.

Dans tous les cas, et quand il serait vrai que quelque chose serait à reprocher à la dissolution de la Société, à la nomination de M. Orbau comme liquidateur, à la cession qui a été la conséquence de la liquidation de M. Orbau; quand il serait vrai que les mineurs de Clonart auraient quelque chose à reprocher à la sentence arbitrale qui a homologué tous ces actes à l'encontre des Actionnaires au porteur, quelle est la manière dont ils devraient se conduire? Avant d'intervenir dans une instance, il faut qu'ils fassent tomber les actes de la Société; qu'ils attaquent contre Jagou la dissolution prononcée par l'assemblée générale; qu'ils attaquent l'acte de liquidation fait au nom de M. Orbau; qu'ils attaquent la cession, la sentence arbitrale. Tant qu'ils n'auront pas fait tomber ces actes par la tierce opposition, il est évident que ces actes, qui d'ailleurs sont en eux-mêmes réguliers et rendus conformément aux statuts sociaux et conformément à la loi; que ces actes, dis-je, leur sont opposés, et qu'ils les représentent comme n'ayant pas un droit individuel, personnel, puisque ces droits ont été transportés à Jagou en vertu d'une délibération sociale et en vertu d'une sentence arbitrale qui a homologué cette délibération.

Ainsi, comme la Cour le voit, l'intervention est évidemment non-recevable, par ce motif que Jagou est cessionnaire, cessionnaire en vertu d'un acte légal, d'une sentence arbitrale qui homologue cet acte, et que, par conséquent, il absorbe, il personnifie aujourd'hui tous les droits de la Société. Elle est peut-être encore non-recevable, parce que, dans les liens de la minorité, ceux qui voulaient intervenir devaient auparavant faire régulariser leur situation, se faire donner une capacité qu'ils n'avaient pas.

Nous arrivons maintenant à la question du procès. Cette question exige un triple examen auquel donne lieu l'application sollicitée des art. 1699, 1700 et aussi 1701 du Code civil. Laissons, pour le moment, l'art. 1701, qui a pour but de régler les cas d'exception dans lesquels le retrait litigieux ne peut s'exercer; attachons-nous à rechercher si, aux termes des deux premiers articles, la Compagnie Seyssel se trouve dans les conditions voulues par la loi pour exercer un retrait litigieux.

Ces conditions sont au nombre de trois : la première, c'est que l'objet cédé soit litigieux : c'est là la condition substantielle sans laquelle il est évident qu'il ne saurait y avoir un retrait litigieux. La deuxième, c'est que le retrait litigieux soit exercé contre le cessionnaire. En effet, si l'on voulait exercer le retrait litigieux contre un homme qui ne serait pas cessionnaire du droit, il n'y aurait pas possibilité d'admettre un pareil retrait. La troisième condition, c'est que le retrait soit exercé par le débiteur du droit litigieux cédé.

Recherchons si ces trois conditions existent dans le procès; tel sera notre premier examen. Nous terminerons par celui relatif à l'application de l'art. 1701.

La première question est la plus grave, y a-t-il litige? Quant à nous, et quoique nous ayons passé très-rapidement sur le résumé des faits capitaux du procès, nous ne comprendrions pas que le litige fût méconnu; car, à nos yeux, il est aussi évident que la lumière. Il faut s'empresser de dire qu'il était évident surtout pour Jagou, et nous sommes à nous demander comment, pour lui, la contestation est possible; car, dans les actes même qui l'ont saisi, il a déclaré à chaque ligne qu'il y avait procès engagé entre la Compagnie du bitume de couleur et la Compagnie Seyssel. La Cour a entendu la lecture de certaines parties de ces actes. Nous lui demandons la permission de replacer sous ses yeux deux ou trois phrases. Cette lecture, très-rapide, mettra bien en relief notre pensée. Voici l'acte de cession:

« Le sieur Orbau, avant de céder au sieur Jagou, qui l'accepte, etc. »

Ainsi, la Cour le voit, il résulte de cet acte que des procès sont engagés; que Jagou s'est fait cessionnaire, qu'il accepte la situation de cessionnaire dans la pleine connaissance qu'il a que des procès sont engagés; de sorte qu'il suffirait presque des termes de l'acte pour résoudre la question que nous avons agitée devant la Cour.

Cependant nous reconnaissons qu'une difficulté sérieuse a été présentée contre cette interprétation. Cette difficulté, la voici: La liquidation cédée à Jagou ne comprenait pas seulement la créance Seyssel; elle comprenait un assez grand nombre de droits actifs et passifs. Ces droits, d'après l'acte et d'après les faits, étaient déjà engagés pour partie dans des procédures, et notamment il y avait neuf procès engagés contre les ayant-droit avec lesquels la Compagnie du bitume de couleur était en instance; de sorte que, d'après Jagou, il ne faudrait pas attribuer certaines expressions de l'acte de cession uniquement à la créance de Seyssel, puisqu'il y avait déjà neuf procès engagés contre diverses personnes autres que cette Compagnie. A cela une réponse décisive, c'est que cet acte n'est pas le seul document que l'on puisse invoquer. Ce qui, selon nous, a une très-grande importance, c'est la délibération de l'assemblée générale qui a précédé cet acte. Cette fois nous allons voir Jagou parler, et parler lui-même. Il va faire un rapport avant que l'assemblée générale n'arrive à prendre une résolution. Voici les termes dans lesquels Jagou raconte quelle est la situation de la Compagnie Seyssel vis-à-vis de la Compagnie du bitume de couleur :

« Jagou lit un rapport duquel il résulte que la Compagnie Seyssel peut revenir, etc. »

Ce rapport a apprécié d'une manière bien certaine, cette fois, la situation de la Compagnie Seyssel, puisque Jagou déclare qu'il y a procès engagé contre la Compagnie Seyssel. Et, en effet, il le savait mieux que personne, et il savait notamment que le procès avait commencé par les saisies qu'il avait faites personnellement, et qu'il annonce avant de faire un appel de fonds pour soutenir le procès engagé.

Il y a donc, la Cour le voit, un de ces aveux considérables, décisifs, qui suffirait à juger la question de savoir s'il y avait un litige incontestable entre la Compagnie Seyssel et la Compagnie du bitume de couleur.

Jagou cependant insiste; il prétend qu'après tout il aurait pu se tromper dans son rapport; qu'il ne faut pas juger d'après la teneur littérale des actes, mais d'après les faits; que la question de savoir s'il y a ou non procès, ne peut pas se trancher par une imprudence de rédaction, qu'elle se tranche par la réalité de l'instance, et que tout le monde est apte à savoir si une instance a été introduite, si elle fonctionne, si, en un mot, il y a litige. Il arrive à cette conclusion: qu'il faut rechercher, au vrai, si un procès existait.

Nous serons très-rapides sur cette dernière objection, car nous n'hésitons pas à penser que l'instance existait aux yeux de tous, qu'elle était ouverte par le compromis qui a amené la sentence arbitrale de Mᵉ Durmont. Cette instance, la Cour la connaît. Il y avait en effet procès porté devant cet arbitre, conformément au traité. L'arbitre était juge de la question; cette question a-t-elle été jugée par l'arbitre, ou y a-t-il preuve que le jugement n'est pas définitif et souverain, et que l'instance n'a pas pris son terme ? Dès lors nous avons purement et simplement à rechercher, puisque nous avons la démonstration que l'instance a été introduite, si l'instance était finie. Jagou le prétend, en soutenant que le lendemain de la sentence la transaction qui terminait le procès est intervenue entre Coignet et lui; que si le procès a eu son débat et ses phases diverses jusqu'au jour de la transaction, cette transaction, dans tous les cas, a terminé le procès, lui a donné un terme définitif et absolu, et qu'à partir de la transaction il n'y a plus eu de litige entre la Société du bitume de couleur et la Compagnie Seyssel.

Telle est l'objection présentée par Jagou.

Quant à nous, nous avons commencé par faire entrevoir notre pensée à la Cour, en ce qui touche cet arrêté de compte. C'est ici le lieu de compléter l'exposé de notre opinion à cet égard.

Sans aucun doute, si le compromis était un compromis loyal, sérieux, suivi devant l'arbitre avec la pensée de donner à juger d'une manière définitive et loyale, répétons l'expression, les débats engagés entre la Compagnie Seyssel et Jagou ; sans aucun doute, si l'arrêté du lendemain était, encore une fois, loyal, sérieux, ayant pour but d'éviter la continuation de ces procédures, et de terminer les difficultés par un accord réfléchi et éclairé de la part des gérants des deux Compagnies, nous arriverions à cette conséquence que le procès commencé a eu son terme au jour de la sentence arbitrale consommée par la transaction. Mais nous ne pensons pas qu'il en soit ainsi, et nous croyons que tout démontre, de la manière la plus manifeste, que cet accord a été sinon frauduleux, du moins légèrement accompli; que cet accord a été fait contrairement au vœu de la Compagnie Seyssel, dans son ignorance complète, en dehors du comité de surveillance; que, dès lors, c'est vainement qu'aujourd'hui on voudrait exciper de cet accord pour dire que le procès a pris son terme devant cet accord lui-même. Ce qui prouve le contraire, c'est que devant le Tribunal de commerce, Jagou n'a pas eu le courage de présenter cet accord comme ayant tout tranché; il n'est pas venu dire à la Compagnie Seyssel, son acte à la main : je réclame les 435,000 fr. parce que votre gérant a été fidèle; qu'avant de régler par cet acte votre situation vis-à-vis du bitume de couleur, il avait consulté vos droits et vos intérêts. Non ; M. Jagou, au contraire, a tenu un langage qui trahit sa conviction intime. Il a dit : Comptons à nouveau ; rejetons-nous, par conséquent, dans des difficultés plus ou moins grandes d'un examen nouveau. Certes, si Jagou avait eu la conscience que l'accord fait entre lui et Coignet fût définitif, sérieux, loyal, réfléchi, de la part des représentants des deux Compagnies, Jagou, son traité, son acte à la main, investi par lui d'un droit de créance de 435,000 fr., serait venu les réclamer de la Compagnie Seyssel, sans faire cette concession qui le replaçait vis-à-vis de difficultés presque insurmontables, de difficultés de comptabilité.

Mais, vous le savez, Jagou avait retardé la décision du jugement arbitral jusqu'au moment où il serait débarrassé des liens de la procuration qui lui avait été donnée par Coignet pour gérer provisoirement la Société Seyssel, procuration qui lui interdisait, pendant sa gérance provisoire, de faire vider la difficulté pendante entre les deux Compagnies. Ainsi, grâce à l'infidélité de ce gérant destitué pour son infidélité même, Jagou a obtenu un acte illusoire, sans portée aucune, qui laisse vivre d'une manière complète l'instance arbitrale pendante devant M° Durmont, instance terminée par un simple avant-faire droit qui n'était pas un jugement définitif du procès.

Maintenant, la preuve que ce procès n'était pas terminé, c'est qu'une opposition a été formée à l'ordonnance d'exéquatur de la sentence arbitrale. Cette opposition est ridicule, dit-on ; c'est possible. Nous aurons peut-être à la juger, car c'est une question du procès, et nous l'examinerons quand le moment sera venu. Mais les questions ne se tranchent pas par un mot, et, en définitive, cette opposition était un moyen régulier en la forme, d'attaquer une ordonnance arbitrale. Or, une opposition à une ordonnance d'exéquatur, comme une opposition à un jugement par défaut, comme un appel sur un jugement définitif, tendent à faire revivre, à continuer l'instance qui avait été provisoirement terminée par la sentence de l'arbitre. Donc le procès est pendant et non jugé, puisque cette question n'avait pas reçu sa solution.

D'ailleurs, comment serait-il possible de prendre au sérieux ce qui s'est fait devant l'arbitre, ce qui est relatif à la transaction intervenue entre Coignet et Jagou, lorsque la Cour connaît la procuration qui avait été donnée par Coignet à Jagou ? Cette procuration était du 15 juillet 1841 ; il y était déclaré en termes exprès que Jagou s'interdisait de rien arrêter en ce qui concerne les difficultés survenues entre Coignet et les Actionnaires, et aussi le règlement de compte entre les deux Compagnies Coignet et Jagou.

Eh bien, cependant, l'instance arbitrale était déjà ouverte à la date du 15 juillet 1841. L'instance arbitrale se suit, alors qu'il y avait une interdiction formelle pour Jagou dans la procuration, de rien faire tant que cette procuration serait sur lui. C'est cependant alors que ce lien l'enchaîne, que Jagou continue à poursuivre la solution des difficultés existantes entre les deux Compagnies, alors, je le répète, que l'interdiction pesait sur lui.

Et c'est dans ces circonstances qu'on vient nous présenter cette sentence arbitrale comme sérieuse, comme n'étant pas la suite de cette comédie, permettez-nous de répéter ce mot, jouée devant les Actionnaires du brume de couleur. La procuration juge le procès ; elle prouve à merveille, puisqu'on a outrepassé les termes de l'interdiction, que Coignet s'était prêté à ce qu'avait demandé Jagou, et que ce qu'avait demandé Jagou n'était pas sérieux.

Des aveux consignés dans la délibération, dans les rapports et écrits de M. Jagou, des faits de la procédure, nous n'hésitons pas à conclure qu'il y avait litige. La première condition exigée par la loi est donc réalisée.

Un seul mot suffira pour la deuxième condition. Le retrait litigieux doit être exercé contre le cessionnaire. Le cessionnaire était Jagou. Il suffit de le nommer pour trancher la seconde question.

La troisième offre plus d'embarras dans sa solution. Dans la consultation et dans les plaidoiries on a insisté quelque peu. Suivant nous, il y a là peu de difficulté. Cette condition est que le retrait sera exercé par le débiteur du droit litigieux cédé. On vient dire alors à la Compagnie Seyssel : « Vous vous prétendez débiteur du droit cédé. Non, vous êtes le débiteur d'une fraction de ce droit, car il était complexe : c'était une liquidation en masse. » Or, s'il est possible d'exercer le retrait litigieux, lorsque l'objet cédé l'a été à une personne dénommée et comprise seule dans la cession, il est impossible de le faire lorsque le droit litigieux a été cédé concurremment avec d'autres valeurs.

Voilà l'objection dans toute sa force. La Cour se souvient des explications très-longues qu'elle a entendues, résumées du reste dans les consultations.

Nous serons très-rapide. Quant à nous, nous avons l'habitude de nous demander où se rencontre l'obstacle dans la loi. Les théories, les doctrines sont certainement très-utiles à consulter ; mais le texte de la loi est, selon nous, ce qui doit surtout fixer l'attention des magistrats. Quelle est donc dans la loi la disposition qui a imposé au retrait litigieux l'obligation pour s'exercer, de n'avoir recours qu'à une cession dans laquelle le droit litigieux est seul compris ? Il n'y a pas une seule disposition, pas un mot, pas un texte, nous ne disons pas un texte précis, mais un texte incertain, duquel on puisse inférer une idée à peu près identique. Or, si la loi n'a pas imposé cette obligation, si elle n'a pas exigé, pour que le retrait litigieux fût admissible, que le droit cédé fût cédé tout seul, la conséquence est que l'obligation n'existe pas, qu'il faut l'effacer.

Nous comprenons très-bien une certaine difficulté d'application dans certaines hypothèses données, quand on arrive, par exemple, à la ventilation des droits cédés. Mais des difficultés d'application ne changent pas les principes ; la magistrature est instituée pour trancher les difficultés qui s'élèvent dans l'application de la loi aux faits. Si des difficultés se présentent, la magistrature veillera à ce qu'elles reçoivent une bonne solution. Mais, grâce au ciel, dans l'espèce, des difficultés ne se présentent pas. Sans vouloir nous étendre sur ce point, nous aimons-mieux trancher la question par la manière dont les débats se sont posés.

La Compagnie Seyssel dit à Jagou : Vous prétendez que plusieurs droits ont été cédés, que je vous mets dans l'embarras en exerçant le droit litigieux ; qu'en vertu de ce droit, s'il est accordé, je puis me saisir non-seulement de la créance contre moi-même, mais de tous les droits actifs de la liquidation. Eh bien ! je réponds que je n'ai jamais rien demandé de pareil. J'ai accepté toutes les charges, c'est-à-dire j'ai offert le prix total de 83,000 fr., et je me suis reconnu débiteur de toutes les obligations en dehors de ce prix. Mais je n'ai réclamé qu'une chose, que ma créance à moi, sur moi-même. De sorte que, quand je suis obligé de vous offrir le prix tout entier, à moins de vouloir faire une ventilation qui peut présenter des difficultés dans lesquelles je ne veux pas me jeter, j'offre le prix tout entier, et ne réclame que la créance qui vous a été cédée sur moi. Je vous laisse jouir de tous les autres droits actifs compris dans la liquidation sauf cette créance.

La Cour se rappelle que le jugement de première instance a prêté à un équivoque. A cet égard, on disait, dans l'intérêt de Jagou, que le jugement ordonnait la dépossession, au profit de la Compagnie Seyssel, de tous les droits actifs cédés à Jagou. Dans l'intérêt de la Compagnie Seyssel, on proteste que le jugement n'ordonnait que la dépossession de la créance sur cette Compagnie. Mais il faut bien le reconnaître, le jugement était rédigé, en effet, dans des termes prêtant à cette équivoque, ou plutôt, allant trop loin, il avait accordé à la Compagnie Seyssel droit à tout l'actif.

Dans l'intervalle des plaidoiries, on a, dans l'intérêt de la Compagnie Seyssel, signifié des conclusions jointes au placet, répondues par Jagou, dans lesquelles, afin d'éviter tout équivoque, la Compagnie Seyssel demande acte à la Cour, acte de ce qu'elle ne réclame, à titre de droits actifs, que la créance sur elle-même, cédée à Jagou, et de ce qu'elle accepte, à titre d'obligation passible, l'intégralité du prix et des autres charges.

En présence de ces concessions, il n'y a plus de difficultés. La Compagnie Seyssel est aujourd'hui dans la situation d'un débiteur qui opérerait sur une cession ne comprenant que sa propre valeur; car d'une part le principe la protège; car dans la loi ne se trouve pas cet obstacle plaidé dans l'intérêt de Jagou, et, d'autre part, le principe la protège encore puisque les conclusions nouvelles viennent lever l'équivoque contre laquelle avait réclamé Jagou dans la première partie de sa plaidoirie.

Dès lors il y a évidence que les trois conditions exigées par la loi se trouvent réunies par la Compagnie Seyssel. 1° qu'il y a objet litigieux; 2° que le retrait est exercé contre le cessionnaire du droit litigieux; 3° qu'il est exercé par le débiteur de ce droit; que, dès lors, c'est le cas, si Jagou n'est pas compris dans les exceptions de l'art. 1701, de sanctionner l'exercice du retrait.

Nous sommes donc conduits à rechercher si Jagou se trouve dans une des exceptions de l'art. 1701.

Il en est une dont nous ne dirons qu'un mot, celle relative au droit de créancier. On a cité à cet égard un arrêt de la Cour de cassation, parfaitement décisif s'il s'agissait d'un créancier. Cet arrêt n'est que la confirmation littérale de la dernière partie de l'art. 1701. On a à peu près reconnu dans l'intérêt de Jagou qu'il n'était pas créancier; mais on a soutenu qu'il était propriétaire : c'est la thèse qui a été débattue.

Il est évident qu'un associé, soit en nom collectif, soit commanditaire, par actions nominales ou au porteur, n'est pas créancier de la Société; il a un droit quelconque, un droit que nous allons chercher à définir, qui sera peut-être un droit de copropriété, mais qui n'est pas évidemment un droit de créance. Si le jugement s'est servi de ces mots, droit de créance, il a employé une expression erronée, mais qui a été parfaitement expliquée par la suite de la disposition du jugement, par l'ensemble de ses considérants qui ont élucidé d'une manière très-nette la pensée des premiers juges à cet égard.

En un mot, et quant à l'application du dernier paragraphe de l'article, notre observation répond d'autant plus directement à cette question du procès qu'il y a eu presque concession de la part de Jagou.

Quant à la question de copropriété, c'est autre chose ; le débat a été très-long, très-animé sur ce point. Pour nous, Messieurs, et afin d'examiner cette question de manière à la rendre parfaitement claire, nous nous proposons de la diviser en trois branches :

Quand la Société se trouve encore en activité pendant tout le cours de son existence légale et avant la dissolution et la mise en liquidation : première période.

Après la dissolution, lorsque la Société est mise en état de liquidation et qu'elle donne un cours actif à cette liquidation : deuxième période.

Lorsque la liquidation est arrivée à son terme, que les comptes sociaux sont apurés, que le passif a été payé, que l'actif est réalisé, qu'il n'y a plus qu'à partager : troisième période.

Nous avons à rechercher, dans ces trois situations, dans quelles mains repose la propriété des droits que l'association a mis en commun.

D'abord pendant la première période, alors que la Société est en plein mouvement, en pleine activité, avant sa mise en liquidation, quel est le principe ? L'un des Sociétaires a-t-il un droit de copropriété quelconque ? Dans l'intérêt de M. Jagou on l'a soutenu, mais si faiblement, que nous ne craignons pas de dire qu'on a hasardé timidement une thèse sur le fondement de laquelle on ne basait pas de véritables espérances. Car, à nos yeux, soutenir cette thèse, c'est soutenir le renversement de toutes les idées en matière de Société.

Nous n'avons pas besoin, pour bien résumer l'économie de la loi et de la doctrine, de remonter aux principes du droit romain, qui sont cependant pleins de sagesse et qui ont été parfaitement expliqués à votre dernière audience. Mais le bon sens, mais le résumé de notre pratique de tous les jours, mais le résumé d'une jurisprudence universelle, mais le résumé de la loi nous suffisent, et ces divers résumés, les voici : Lorsqu'une Société se forme, il se crée un être moral, une existence civile nouvelle, complète, existence qui se suffit à elle-même et est complètement distincte de l'existence des divers ayant-droit qui sont venus se réunir, se grouper pour créer cette existence civile. Il y a alors association, et cette association devient la maîtresse, le principe de toutes les actions actives et passives de la Société. Ainsi, et pendant tout le cours de la Société, l'être moral agit, possède, paie, reçoit, vend, achète, plaide, défend, dispose, d'une manière absolue, de tous les droits actifs et passifs, mobiliers et immobiliers, *use et abuse,* en un mot, à titre de plein et unique propriétaire. C'est toujours la Société, c'est toujours l'être moral, l'être civil, qui a une existence à elle propre, et jamais les Associés, qui ont complètement disparu.

Eh bien ! lorsque la Société est en état d'activité complète, il est évident que la fortune active et la fortune passive est tout entière entre les mains de la Société. C'est là sa seule représentation des droits et des obligations que les Associés ont mis en commun. Le propriétaire de tous les droits actifs, c'est la Société ; le débiteur de tous les droits passifs, c'est la Société. Il n'y a qu'un droit de propriété et qu'un propriétaire, comme il n'y a qu'un débiteur et qu'une dette.

S'il en était autrement, voyez les conséquences ridicules auxquelles on arriverait. Le débiteur d'une Société est créancier d'un des Associés, et la Société agit contre ce débiteur. Sa dette est, par exemple, de 1,000 francs, et sa créance de 2,000 fr. Il viendra dire à la Société : je vais payer par compensation ; l'Associé dont je suis le créancier, est intéressé pour la moitié dans les opérations sociales ; je suis porteur d'un titre de 2,000 francs contre lui; vous êtes porteur contre moi d'un titre de 1,000 francs; comme il représente 50 pour cent, j'excipe de son droit et vous ne pouvez pas me poursuivre. Est-ce que jamais il passerait par la tête d'un homme et par celle d'un Tribunal, d'autoriser une pareille compensation? La magistrature, si un procès aussi futile était engagé devant elle, répondrait en disant: Vous êtes débiteur d'une Société qui a une existence morale, civile, distincte, dont les droits sont distincts de ceux des Associés; acquittez votre dette, et agissez après, selon vos droits, contre votre débiteur, contre l'Associé; mais vous ne pouvez, sans dérision, opposer une compensation contre la Société.

Poussons plus avant la démonstration de cette thèse par un nouvel exemple. Le créancier d'un associé saisit la valeur sociale, en disant à la Société: je suis créancier de l'un des associés. Je saisis toutes vos valeurs actives jusqu'à concurrence de ma créance, et au prorata de la part attribuée à l'associé mon débiteur.

Est-ce que, à l'instant même, la Société ne lui répondrait pas: la Société est un être à part; agissez contre la Société si vous avez une action contre elle; mais si vous avez une action contre l'associé, vous ne pouvez rien prétendre contre la Société.

A l'appui de cette doctrine nous pourrions, Messieurs, multiplier les exemples et les hypothèses. Mais vraiment ce serait abuser, sans utilité, de l'attention de la Cour. Un droit qui se résume dans un droit de propriété absolue au profit de l'être moral, avec toutes les bonnes et les mauvaises chances, quant à l'actif et au passif, est un droit si connu, si certain, si pratique, si universellement établi, si souverainement décidé par la jurisprudence, qu'il faut, non l'établir, mais le constater.

Ceci dit, nous croyons avoir examiné et épuisé la doctrine en ce qui concerne la première période que nous nous étions promis d'examiner devant la Cour.

Nous sommes maintenant amenés à examiner si ces principes reçoivent une modification lorsqu'une Société est mise en état de liquidation, et si, à ce moment, il advient une de ces transformations qui font disparaître, d'une manière absolue et définitive, cette fiction légale qui avait créé une individualité distincte pour replacer les droits dans les mains de chacun des coparticipants.

Nous l'avouons, nous n'avons jamais été frappés, pendant tout le cours des plaidoiries, de la grande différence qu'on a cru trouver dans l'intérêt de Jagou entre une Société active, en cours d'exploitation, et une Société en liquidation. Une Société en cours d'exploitation a dans ses mains le passé, le présent et l'avenir; le passé pour terminer les opérations commencées, le présent pour engager des opérations nouvelles, et l'avenir pour continuer ces opérations; et pendant ces trois périodes, qui comprennent l'existence d'une Société en mouvement, l'être social, l'être moral, l'existence civile est constante pour nous. Pour une Société en liquidation, la situation a changé, sans doute, mais elle s'est amoindrie sous un seul rapport; la Société en mouvement a en vue, nous le répétons, le passé, le présent et l'avenir. La Société en liquidation n'a plus d'avenir à exploiter, précisément parce qu'elle est à l'état de liquidation. Le rôle actif, ayant pour but l'engagement de nouvelles entreprises, est complètement fini, épuisé par la dissolution. Mais si elle perd ses droits en ce qui concerne l'engagement de nouvelles entreprises, le droit reste complètement entier en ce qui concerne et le passé et le présent.

Cette Société a une existence complète pour l'apurement de toutes les difficultés antérieures ; c'est l'être moral tout entier, avec cette seule restriction qu'il n'embrasse plus l'avenir, qu'il se borne au passé, au présent. Une, deux, cent opérations sont engagées. La Société se meut, agit, complète les entreprises commencées, les termine, reçoit les diverses sommes, paie le passif, apure les comptes, exerce, en un mot, tous les droits actifs, comme elle satisfait à toutes les charges. Ce n'est que lorsque le passif est payé, que l'actif est réalisé, que le moment est venu où la liquidation est terminée, que la troisième phase va s'ouvrir. Mais, évidemment, pendant tout le temps que dure cet état de la Société, il est certain qu'il n'y a eu qu'une modification, celle que nous expliquions tout-à-l'heure en disant que l'avenir a cessé d'appartenir à l'être moral ; que son droit de propriété, d'action, a été limité au passé, au présent, et n'a pu s'étendre aux choses futures, comme dans une Société en mouvement.

Voilà, d'après les principes, ce qui résulte de cette transformation d'une Société active en une société en liquidation. La Société en liquidation, ce n'est pas l'extinction de l'être moral ; l'existence morale ne disparaît pas ; mais elle se modifie, elle se réduit, n'ayant plus l'avenir en vue, mais conservant dans ses mains le passé et le présent d'une manière aussi complète que si la Société était en pleine activité.

Voulez-vous, Messieurs, que nous complétions ce point grave, décisif du procès par quelques observations ? Elles se pressent ici. Et d'abord, ce que nous disions tout-à-l'heure pour la Société en mouvement, quant aux compensations, aux saisies, nous le dirons également pour la Société en état de liquidation. Ce n'est pas tout ; dans une Société en état de liquidation, quelle est la personne qui agit ? Est-ce la personne de chaque associé pour leurs droits distincts, ou l'être moral pour les droits généraux ? Est-ce que l'associé qui voudrait, tant que dure la liquidation, se saisir de son droit personnel, le pourrait ? Admettez une Société en nom collectif en liquidation, ayant trois gérants. Les trois gérants peuvent évidemment agir au nom de tous individuellement. Supposez qu'un gérant eût la pensée de venir dire : Je suis intéressé pour un tiers ; la Société est en liquidation ; je vais assigner un débiteur pour mon tiers, attendu qu'il s'agit d'une Société en liquidation. Si le gérant agissait ainsi, le débiteur, avec droit, lui répondrait : Je ne vous dois rien, à vous ; je dois à la Société. La Société est en liquidation : c'est vrai, mais elle n'a pas disparu ; elle a une existence reconnue par la loi ; plaidez contre moi, comme gérant, pour l'intégralité des droits que j'aurai à vous payer, soit. Mais si vous agissez, en votre nom personnel, pour votre tiers, afin de le faire verser pour vous seul et entre vos mains, je refuserai, parce qu'une Société en liquidation n'a pas disparu comme existence sociale et n'a pas fait reparaître les droits individuels appartenant à chaque associé.

Supposez qu'un débiteur complaisant vienne trouver un des gérants et lui dise : Je vais payer ma part de dette vis-à-vis de vous seul, entre vos mains ; le paiement serait mal fait. Le gérant peut recevoir comme gérant au nom de la liquidation sociale ; mais recevoir pour lui, eu égard à son droit personnel, au prorata de son intérêt, c'est impossible.

Admettez qu'une Société en liquidation ne puisse pas tenir ses engagements, qu'une mise en faillite soit nécessaire. A ce moment, si l'être moral a disparu, si la Société n'a pas une existence distincte des coparticipants, si les divers intéressés sont copropriétaires chacun pour leur part des droits actifs et passifs, à ce moment, il n'y a pas de Société à mettre en faillite, il faut la déclarer contre autant d'intéressés qu'il y aura de coparticipants ; il faudra faire déclarer en faillite tous les associés en leur nom.

Au lieu de cela, si la Société existe, si les droits n'ont pas été changés, s'il n'y a pas eu une part faite à chacun, la déclaration de faillite se poursuit contre la Société en liquidation. Or c'est toujours ainsi que cela se pratique. Les droits individuels n'apparaissent pas encore en ce moment ; ils ne viendront que plus tard, lorsque tout aura été apuré, lorsque les valeurs actives seront entre les mains de la Société, et que le passif aura été payé.

Nous sommes arrivés par ces exemples à une démonstration qui nous paraît sans réplique, c'est que la liquidation d'une Société se poursuivant d'une manière active, c'est la restriction de la Société au passé, au présent, mais ce n'est pas, mais ce ne peut être la transformation des droits sociaux en autant de droits individuels qu'il y a d'associés intéressés.

Permettez-nous, Messieurs, pour terminer à cet égard, de vous présenter deux observations que nous avons puisées, du reste, dans une des consultations placées sous les yeux de la Cour.

Pour éprouver toute doctrine, il est un procédé infaillible, à nos yeux, c'est l'application des principes du droit aux réalités du fait. Cette application rendra le principe beaucoup plus saillant encore que ne l'a fait notre démonstration, et nous l'empruntons au savant jurisconsulte qui a été consulté dans l'intérêt de la Compagnie Seyssel.

M. Pardessus prend l'exemple de la Banque de France, qui a plus de cent mille actions. Il suppose que la Banque de France se mette en liquidation, et il se demande si les cent mille Actionnaires, en admettant que toutes les actions soient divisées et distribuées entre cent mille mains, auront un droit personnel, et si, par conséquent, chacun pourra venir dire : Je suis propriétaire d'un cent millième, je vais plaider contre tous les débiteurs de la Banque de France pour un cent millième, et si, par conséquent encore, un débiteur de la Banque de France pourra se libérer valablement en allant payer successivement un cent millième dans les mains de chaque actionnaire.

Voilà la question que se pose M. Pardessus, et bientôt il s'écrie qu'elle conduit au ridicule, à l'absurde; il a raison. C'est pourtant le procès, il est là tout entier; car, de deux choses l'une, ou la mise en liquidation a distingué la propriété, a fait apparaître comme copartageants chacun des actionnaires; ou elle ne l'a pas fait. Si chacun est apparu comme copropriétaire, il a le droit d'exiger son paiement individuel pour son cent millième, de payer pour son cent millième. Si la mise en liquidation n'a pas produit ce résultat, la Société reste avec son grand ensemble, sa grande existence, son droit de propriété qui embrasse les droits généraux des cent mille actionnaires, avec ses droits de gestion; tous droits réunis, concentrés sur une seule tête, et dont le terme n'apparaîtra qu'au terme même de la liquidation.

Cet exemple, par les conséquences auxquelles il conduit, démontre d'une manière claire et logique la vérité des principes si importants que nous avons posés.

La seconde observation est celle-ci. La Cour sait que dans la Société du bitume de couleur, il y avait des actions nominales et des actions au porteur. Que Jagou ait eu des actions nominales dans les mains, peu importe à nos observations. Il pourrait parfaitement se faire que toutes les actions d'une Compagnie fussent au porteur, et il y en a de très-nombreux exemples. Avec des actions au porteur, les principes en matière de Société ne changent pas. Une action au porteur, une action nominale, une quote-part quelconque dans une Société, sauf la forme du papier qui se modifie, sauf le mode de transmission qui est facilité par le mode de l'action, c'est toujours, au point de vue des principes, une seule et même chose. Quant à la substance du droit, c'est un droit commanditaire dans l'un et dans l'autre cas. Admettrez-vous qu'il soit possible d'arriver à cette conséquence devant laquelle on reculait en s'efforçant de prouver que Jagou était actionnaire nominal; que dans une Société par actions au porteur il pourra y avoir autant de copropriétaires qu'il y a d'actions au porteur; de sorte que, ne sachant jamais quels sont les divers copropriétaires dans les mains de qui se trouvent les actions au porteur, on ne pourra pas suivre les traces, les développements, les transformations de la copropriété? Il suffit de placer en présence d'une commandite au porteur le principe qu'on voudrait faire sanctionner par l'autorité de la Cour, pour arriver à cette démonstration qu'une telle copropriété est impossible; qu'elle est complètement détruite par les principes généraux en matière de Société, et par les principes spéciaux aux commandites.

Non, ce droit de copropriété n'existe pas. Non, il ne peut se fixer sur un commanditaire au porteur; il n'existe ni sur la Société en activité, ni sur la Société en liquidation; il n'y a qu'un moment donné pour lui, c'est lorsque la liquidation a été complétée, que cette liquidation a assuré le droit de chacun, a fixé leur quote-part afférente, soit dans les charges passives, soit dans les droits actifs. C'est alors seulement qu'elle est arrivée à déterminer un droit de copropriété. Jusque-là, il n'y a qu'un droit, droit social qui offre un titre aux dividendes, un titre aux intérêts, et une obligation, jusqu'à concurrence du capital commanditaire, au paiement des charges. C'est un droit qui ouvre une éventualité à une copropriété qui adviendra en fin de compte, si la liquidation est heureuse pour la Société; c'est une expectative, et rien de plus.

Et maintenant, que la Cour nous permette, et c'est là notre dernier mot sur tout le procès, de rapprocher le principe du fait; car, après tout, le fait a d'ordinaire pour nous une grande importance dans toutes contestations.

Qu'est-ce donc que l'on a fait dans la Compagnie du bitume de couleur? Est-ce que l'on a méconnu et violé l'empire des règles de droit que nous venons de rappeler? Est-ce que la Société a été organisée et a fonctionné de manière à laisser supposer autre chose que ce que permettaient les principes sur lesquels nous venons de nous appuyer? Est-ce, en un mot, que Jagou a compris autrement ses droits? Voyons, il y a deux documents très-considérables: ce sont les actions émises et la cession qu'il a obtenue. Interrogez-les; elles vont bientôt nous dire comment Jagou a entendu sa situation et son prétendu droit de copropriété.

Et d'abord, dans les actions nominales nous lisons:

« Chaque action donne droit : 1^d à un divivende de 5 pour 100, etc.

Voilà ce qui est promis. On promet un intérêt, un dividende, et puis, une part proportionnelle dans une éventualité soumise au résultat de la liquidation. Est-ce une part de copropriété, une part actuelle, un droit présent, qui n'est pas soumis à une éventualité ? Est-ce, seulement, au contraire, la part promise par les principes du droit commercial ? Sans aucun doute, car on promet, en effet, une éventualité, une part proportionnelle dans le résultat définitif d'une liquidation arrivée à son terme. Eh bien ! c'est là notre thèse. Que la liquidation s'opère, que le résultat se réalise, qu'il soit connu, que l'actif soit encaissé, le passif payé, alors vous aurez une part de copropriété ; jusque-là vous n'aurez qu'une éventualité.

Comme la Cour le voit, on a si bien compris au moment de la formation de la Société du bitume de couleur, les règles sur lesquelles s'appuient toutes les Sociétés commerciales, qu'on a précisément établi les statuts sociaux et les énonciations des actions en conformité de ce qui résulte, selon nous, de l'obligation de la loi.

Mais il est un second fait que nous annoncions tout-à-l'heure, et qui, à nos yeux, a une bien plus de grande importance ; car c'est le fait de Jagou lui-même que nous avons saisi dans l'acte de cession. La Cour va comprendre combien ce fait est considérable, et combien devant lui les équivoques de doctrines, les subtilités de droit, sont sans autorité, sans puissance.

Jagou prétend qu'après la dissolution, il était copropriétaire pour toute sa part d'action, et que, par conséquent, s'il a 154 actions, par exemple, il était copropriétaire de 154 parts proportionnellement avec les actions qui étaient en dehors de ses mains. S'il est copropriétaire, il a un droit actuel, acquis, et qui n'a pas besoin de lui être transporté par la cesssion d'un droit nouveau. Ce droit se suffît à lui-même il est préexistant au transport. Jagou, par conséquent, n'a pas besoin d'un transport pour acquérir ce droit. Mais s'il n'est pas copropriétaire, si la copropriété réside dans les mains de la Société tout entière, que fera Jagou ? Il dira à la Société : Vous allez me céder tous vos droits, même ceux pour lesquels j'ai une part proportionnelle, mais éventuelle : et en effet, la cession est faite dans ces termes. Jagou ne dit pas au moment où l'on va lui céder : vous me cédez, mais vous n'avez pas besoin de me céder ce qui m'appartient ; vous allez me céder tous les droits sociaux moins les miens ; vous allez me céder 600 actions, s'il y en a 754 ; je suis, quant à moi, propriétaire de mes 154 actions ; je n'ai pas besoin de cession pour celles-là. Mais non, il reconnaît si bien que la Société est propriétaire de l'intégralité, que le liquidateur nommé, M. Orbau, dit : Je vous cède l'intégralité des droits, non-seulement ceux représentés par les actions de la Société, mais ceux représentés par vos propres actions. De sorte que M. Orbau, liquidateur, se considère comme propriétaire de la part d'intérêts de Jagou lui-même, et que, liquidateur, il cède à Jagou la part proportionnelle appartenant à ce dernier. Plus tard, sans doute, au moment où le paiement est stipulé, Jagou déclare qu'il fait confusion avec lui-même pour le paiement. Il ne pouvait pas, en effet, se payer de la main droite à la main gauche. Dès lors, et en réalité, le traité est conçu en ces termes : La Société est propriétaire de tout l'ensemble des droits ; le liquidateur, représentant la Société, a tous les droits dans la main. Jagou reçoit, à titre de cession, l'ensemble des droits, même ceux auxquels il pouvait avoir droit, selon lui, en vertu de sa prétention actuelle de copropriété.

Là, se trouve le démenti le plus manifeste de ce droit de copropriété. Si ce droit était un droit actuel, précis, constant, Jagou aurait dit : Je n'ai rien à recevoir de vous pour la constitution et l'établissement en ma personne de ce droit. Mais, comme il reconnaît que c'est la Société qui est propriétaire de l'ensemble des droits, Jagou reçoit la consécration, par le transport, de ce qui lui appartient, et puis il paie par une confusion.

C'est là une application très-simple, très-rationnelle de la doctrine en matière de Société; c'est une satisfaction complète donnée à la législation, à la jurisprudence, et le démenti le plus énergique de ce prétendu droit de propriété dont excipe Jagou pour repousser l'action de la Société Seyssel. Une dernière objection a été tentée, en désespoir de cause, mais nous ne saurions la prendre au sérieux. C'est un sophisme qui n'a pas même, à nos yeux, le mérite d'être spécieux. On voudrait limiter ces grands principes à l'exercice du droit, en soutenant que cet exercice est seul suspendu par l'état social, mais qu'au fond la propriété n'en réside pas moins sur la tête de chaque intéressé. Une telle subtilité a-t-elle besoin d'une réponse? N'a-t-elle pas sa réfutation dans la doctrine même que nous venons de résumer? Est-il un jurisconsulte, assez ignorant des divers contrats que renferme le contrat de Société, pour oublier que le premier de ces contrats est précisément ce contrat de vente, au nom et au profit de l'être moral, de tous les droits mis en commun par les futurs intéressés ? Que l'on n'espère donc pas obscurcir, par une telle confusion, les grandes vérités théoriques et pratiques que l'appel avait mis en question.

Et maintenant, Messieurs, nous avons épuisé toutes les questions du procès. D'abord, pour l'intervention des mineurs de Clonard, nous l'avons reconnu non-recevable. Quant à Jagou, il y a trois questions :

1° Celle de savoir si l'objet est litigieux ; or, l'objet est évidemment litigieux ;

2° Celle de savoir si on peut céder un droit litigieux, concurremment avec d'autres. Cette question, largement débattue, et facilement décidée, s'est simplifiée d'ailleurs, devant les conclusions subsidiaires signifiées depuis la dernière audience ;

3° Enfin, celle de savoir si Jagou a un droit de copropriétaire. Elle est décidée par la doctrine, par la jurisprudence, par la loi, qui assimilent et confondent la Société en activité avec la Société en liquidation.

Dès lors, la Cour aura à confirmer la sentence des premiers juges. En cela, elle fera une œuvre juste, morale, équitable ; elle couvrira par un retrait litigieux des faits qui, bien explorés, auraient donné lieu à des soupçons légitimes et graves. En cela, elle tarira la source de ces procès achetés, promis à la spéculation, et que le retrait litigieux a pour résultat d'éteindre. Sous ce point de vue, l'équité et la justice seront satisfaites ; nous croyons dès lors que la Cour n'hésitera pas à confirmer le jugement.

Audience du 12 mars 1844.

ARRÊT DE LA PREMIÈRE CHAMBRE DE LA COUR ROYALE DE PARIS.

La Cour, après avoir entendu aux audiences des 30 janvier, 6, 13 et 20 février dernier, Horson, avocat de Jagou, assisté de Huart, son avoué. Marie, avocat de Du Mény, ès-noms, assisté de Mauger, son avoué. Baroche, avocat de la veuve de Clonard et Deslanne, ès-noms, assistés de Gibot, leur avoué, ensemble à l'audience du 5 mars, présent mois. En ses conclusions, M. Nouguier, avocat général, et après en avoir délibéré, conformément à la loi, la cause continuée à ce jour pour prononcer arrêt.

La Cour joint les appels, principal et incident interjetés par les parties d'Horson et Marie, de la sentence du Tribunal de la Seine du 6 décembre dernier, ensemble les conclusions subsidiaires de Du Mény ès-noms, et l'intervention des parties de Baroche, et faisant droit sur le tout.

En ce qui touche l'intervention :

Considérant que tout l'actif de la Société du bitume de couleur a été cédé à forfait à Jagou, moyennant une somme déterminée, et à la charge par lui de payer les dettes sociales ; que cette cession n'est pas attaquée par les mineurs Clonard, encore bien qu'ils soient porteurs d'actions dans la dite Société ; qu'ils ont tous qualité pour intervenir dans les contestations élevées entre Jagou et Du Mény ès-noms.

En ce qui touche l'appel principal de Jagou :

Considérant que, d'après l'article 1701 du Code civil, le retrait litigieux n'est pas admissible dans le cas où la cession a été faite à un copropriétaire du droit cédé, c'est-à-dire lorsque le droit cédé était commun au cédant et au cessionnaire ;

Considérant qu'il est établi que Jagou, qui a été le gérant de la Société du bitume de couleur, possédait plus du tiers des actions de sa Société ; que ses actions, du moins pour partie, étaient nominatives et étaient restées à la souche par suite de la qualité de gérant qu'il avait ; qu'en sa qualité d'Actionnaire surtout dans une Société dissoute et mise en liquidation, il était copropriétaire des créances ou droits que cette Société pouvait avoir contre la Société Seyssel ; que, sans doute, il n'aurait pas pu les exercer personnellement pour sa quote-part, parce que l'exercice des droits d'une Société en liquidation est exclusivement dévolu à son liquidateur dans l'intérêt de tous les associés ; que ces créances ou droits n'en constituaient pas moins une propriété commune à Jagou et à ses co-actionnaires ; laquelle propriété était seulement pour tous subordonnée et soumise, quant à son exercice, à l'action du liquidateur, et quant à son importance finale, aux éventualités et aux reliquats de la liquidation ; qu'ainsi les Actionnaires et le liquidateur de la Société du bitume de couleur, en cédant, le 30 mars 1843, à Jagou, leur coactionnaire, la liquidation de leur Société et les droits qu'elle pouvait avoir à exercer contre la Société Seyssel, n'ont fait que lui céder un droit qui lui était commun avec eux, un droit dont il était déjà copropriétaire ;

Que dès lors le retrait ligieux exercé par Du Mény, ès-noms, ne peut être admis.

En ce qui touche l'appel incident et les conclusions subsidiaires de Du Mény.

Considérant, sur son opposition à l'ordonnance d'exéquatur de la sentence arbitrale du 11 avril 1842, que l'arbitrage constitué d'abord le 13 juillet 1841, entre Jagou, gérant de la Société du bitume de couleur, et Coignet, gérant de la Société de Seyssel, a été repris et reconstitué, le 13 janvier 1842, entre le dit Jagou et Eyquem, mandataire spécial, que la sentence arbitrale n'a été rendue, ni sans compromis, ni hors des termes du compromis, ni sur compromis nul ou expiré, et qu'elle ne renferme non plus aucune des autres irrégularités énoncées en l'art. 1028 du Code de procédure civile;

Considérant, relativement aux saisies-arrêts pratiquées par Jagou sur la Société Seyssel, qu'il les a multipliées de manière à paralyser toutes les ressources de cette Société, qu'il les a formées les unes en vertu de la sentence arbitrale du 11 avril 1842 et de l'acte sous seings privés enregistrés, du 14 même mois, les autres en vertu d'une permission par lui obtenue du Président du Tribunal civil de la Seine;

Considérant, que la sentence arbitrale, tout en déclarant Coignet et Compagnie débiteurs envers Jagou et Compagnie, ne fixe et ne détermine en aucune façon l'importance ou la quotité de la prétendue dette; qu'elle se borne à prononcer un avant-faire droit, en ordonnant un examen des livres des deux Sociétés, et en nommant à cet effet un expert pour faire un rapport et éclairer la religion de l'arbitre; que cette sentence ne peut constituer, au profit de Jagou, un titre de créance, si ce n'est pour les dépens de l'arbitrage auxquels elle condamne définitivement Coignet et compagnie, et qui, depuis, ont été régulièrement taxés à la somme de 2,584 fr. 84 c.;

Considérant, quant à l'acte sous-seings privés du 14 avril 1842, qu'il paraît, d'après la date, avoir été fait le jour même du dépôt de la sentence arbitrale, qui avait reconnu la nécessité d'examiner à fond les livres des deux Sociétés pour fixer la situation respective des parties; que par cet acte, Jagou et Coignet, au lieu de procéder au compte qui était à faire, en ont arrêté à forfait le solde, valeur au 15 mars 1841, à la somme de 435,000 fr., dont Coignet s'est déclaré débiteur envers Jagou, sans toutefois que cet arrêté de compte, est-il dit, préjugeât rien sur le résultat de compte qui avait continué entre les parties depuis le 15 mars 1841;

Considérant que, d'après les termes mêmes de cet acte, il y aurait à faire, pour déterminer la quotité de la créance de Jagou, et même pour savoir s'il est créancier, un compte qui n'est pas soumis à la Cour et dont la connaissance appartient à la juridiction commerciale;

Que l'acte dont il s'agit est d'ailleurs signalé par Du Mény comme ayant été le fruit d'une fraude concertée entre Jagou et Coignet pour dépouiller les Actionnaires de la Société, dont ce dernier était gérant;

Que, d'après les faits et circonstances qui ont préparé, accompagné et suivi le dit acte, et d'après les termes mêmes dans lesquels il est conçu, il ne peut être considéré comme établissant, au profit de Jagou, une créance assez certaine, ni pour faire valider ses saisies-arrêts, ni pour faire surseoir à statuer sur leur validité, jusqu'à ce qu'il ait été statué par le Tribunal de commerce sur les instances dont il est saisi;

Considérant, quant à la permission accordée par le Président du Tribunal civil, que Jagou l'a demandée et obtenue à ses riques et périls, qu'il n'en résulte pas qn'on doive maintenir des saisies-oppositions formées sans qu'il y eût certitude suffisante de la créance :

Met les appellations et ce dont est appel au néant ; décharge les appelants des condamnations contre eux prononcées ; faisant droit au principal , déboute Du Mény ès-noms de sa demande en retrait litigieux ; en conséquence, ordonne que la somme de 89,285 fr. 70 c., déposée à la caisse des Consignations, le 10 novembre 1843, sera restituée à Legurney et de Beaulieu, en présence de Du Mény ès-noms, et ce, nonobstant toutes oppositions à la requète de Jagou, et notamment de celles par lui formées le 12 octobre 1843 ;

Déboute également Du Mény, ès-noms, de son opposition à l'ordonnance d'exéquatur de la sentence arbitrale du 11 avril 1842.

Le condamne à payer à Jagou la somme de 2,584 fr. 80 c., montant de la taxe des dépens qui ont été mis à sa charge par la dite sentence ; déclare les saisies-arrêts faites par Jagou entre les mains des débiteurs de la Société des Mines de Pyrimont Seyssel nulles et de nul effet, à la charge toutefois, par Du Mény, administrateur de la dite Société, de payer au dit Jagou la dite somme de 2,584 fr. 82 c.

En conséquence, et moyennant le paiement préalable qui sera fait à Jagou de cette somme, ou du dépôt qui en sera fait pour son compte à la caisse des Consignations, fait main-levée pure et simple des dites saisies-arrêts, savoir :

La première du ministère de Fumet, huissier à Paris, en date du 16 septembre 1843, entre les mains: 1° du caissier municipal de la ville de Paris; 2° d'Ollivier, chef du génie, faisant exécuter les travaux de Charenton; 3° de Brestroff, chef du génie, dirigeant les travaux faits à la citadelle de Vincennes.

La deuxième, aussi de Fumet, huissier à Paris, du 16 septembre 1843, entre les mains du Ministre des finances.

La troisième, du ministère de Aubert, huissier à Lyon, en date du 18 septembre 1843, entre les mains de Languinier, négociant à Lyon.

La quatrième, du ministère de Belon jeune, huissier à Paris, en date du 9 octobre 1843, entre les mains de Jacques Laffitte et Compagnie, et *du Trésorier de la Liste civile.*

La cinquième, du 13 octobre même mois, par exploit de Boulin, huissier à Orléans, entre les mains de Boulard.

La sixième, du 12 octobre même mois, de Belon jeune, huissier à Paris, entre les mains du directeur de la caisse des Consignations.

La septième, du 17 octobre dernier, par exploit de Bornigal, entre les mains de Moriceau, négociant à Nantes.

La huitième, en date du même jour, par exploit de Sandoz, huissier à Besançon, entre les mains de Doussau, chef du génie à la direction de Besançon.

La neuvième, en date du dit jour 17 octobre 1843, par exploit du ministère de Cauvin, huissier à Marseille, entre les mains de Roussel père et fils, négociants de la dite ville de Marseille.

Déclare les parties de Baroche non recevables dans leur intervention.

Compense entre les parties les dépens de première instance et d'appel, même ceux de l'intervention des mineurs Clonard, sauf les coût, enregistrement, signification du présent arrêt, qui seront entièrement supportés par Jagou. Lesquels

dépens pourront, en tous cas, être employés par Du Mény en frais d'adminis-
tration.

Ordonne la restitution des amendes consignées,

Fait distraction des dépens;

Sur le surplus des demandes, fins et conclusious des parties, les met hors de
Cour.